KB057220

말가짐

말가짐

2022년 06월 21일 초판 01쇄 발행
2022년 10월 15일 초판 02쇄 발행

지은이 채자영

발행인 이규상   편집인 임현숙
편집팀장 김은영   편집팀 문지연 이은영 강정민 정윤정 고은솔   교정교열 김화영
디자인팀 최희민 권지혜 두형주   마케팅팀 이성수 김별 강소희 이채영 김희진
경영관리팀 강현덕 김하나 이순복

펴낸곳 (주)백도씨
출판등록 제2012-000170호(2007년 6월 22일)
주소 03044 서울시 종로구 효자로7길 23, 3층(통의동 7-33)
전화 02 3443 0311(편집) 02 3012 0117(마케팅) 팩스 02 3012 3010
이메일 book@100doci.com(편집·원고 투고) valva@100doci.com(유통·사업 제휴)
포스트 post.naver.com/black-fish   블로그 blog.naver.com/black-fish
인스타그램 @blackfish_book

ISBN 978-89-6833-379-8 03190
ⓒ 채자영, 2022, Printed in Korea

세상에 나로 서는 말하기의 힘

채자영 지음

말
가
짐

블랙피쉬
Black Fish

나는 늘 말로써 존재해 왔다. 대학생 시절에는 아름다운 말을 내뱉는 아나운서를 꿈꿨고, 사회에 나와서는 오랫동안 입찰 비즈니스 현장에서 전략적인 말을 다듬고 만들어 왔다. 지금은 스몰 브랜드부터 빅 브랜드, 개인에 이르기까지 누구나 자신만의 이야기를 전할 수 있는 브랜딩 현장에서 말을 만든다. 내 말하기는 아름다운 말하기에서 사람의 마음을 움직이는 말하기, 내 안의 의미를 찾고 정확하게 표현하는 말하기로 확장해 왔다.

때로는 너무 많은 말을 한 것이 아닌가 하는 생각이 들 때도 있다. 무대에서 화려하게 말을 한 딱 그 시간만큼 무대 아래에서 나를 위한 침묵의 시간을 지키고 싶었다. 말을 한다는 것은 생각보다 내 안의 많은 것을 내어 주는 일이니까. 그럴 때마다 나는 '말의 본질'이 무엇인지 탐구하는 세계로 숨었다. 말의 껍데기가 아닌 말의 본질. 내 경험의 한계를 넘어 우리는 어떤 생각을 갖고 어떤 태도로 말을 해야 하는가에 대해 보고 읽고 들을 때면 큰 위로를 받았다.

> 그의 수사학 교육은 연설을 잘하는 것을 가르치는 것이라기보다 올바른 성품을 갖추도록 도와주는 것이라고 요약할 수 있다. 진정한 설득이라는 것도 따지고 보면 그럴듯한 말에서 나오는 것이 아니라 말을 통해 전해지는 생각을 통해 교감할 때 이루어지는데 그것은 궁극적으로는 그 생각을 올곧게 만들어주는 품성에서 나온다. 이소크라테스는 수사학 교육이 지향할 바는 정직한 성품과 정의로운 마음을 가질 수 있도록 도와주는 것이라고 강조한다.
> 　　　　　　　　- 김종영, 《당신은 어떤 말을 하고 있나요?》(진성북스, 2015)

그리스 로마 시대부터 시작된, 생각과 말과 행동을 조화롭게 가져가는 학문 수사학^{Rhetoric}. 오랜 시간을 거쳐 여전히 세상에 존재하고 있는 철학자들의 힘 있는 말을 읽으면 안개처럼 뿌옇던 시야가 어느 정도 맑아지는 기분이 든다. 한국수사학회에서 만난 교수님들이 전해 준 동서양의 수사학 이야기는 나에게 크나큰 위로와 감동을 줬다. 다행스럽게도 그곳에서 말의 본질이 무엇인지 끊임없이 대화하고 탐구하는 시간을 통과하며 말에 대한 나만의 철학을 다질 수 있었다.

한국수사학회에 처음 찾아갔을 때, 그 당시 회장을 역임하고 있던 한국외국어대 중국언어문화학부 나민구 교수님은 수사학의 개념을 설명하며 종이에 세 글자를 적었다. 몸, 맘, 말.

마치 하나의 몸에서 탄생한 것처럼 보이는 세 단어의 연관성에 대해 듣고 난 후, 몸에서 마음 그리고 말로 이어지는 하나의 선을 그리면서 지금까지 살아온 것 같다. 이 세 단어를 보기 전과 후로 내 말하기 인생이 달라졌다고 해도 과언이 아니다. 나에게 말은 더 이상 이전의 말이 아니었다.

이 책은 10년 가까이 다양한 업의 현장에서 그리고 일상에서 고민한 '말'에 관한 이야기를 담았다. 몸-마음-말의 연관성이 말해 주듯, 말은 곧 나를 보여 준다. 그러니 삶의 기본, 바탕이 되는 말을 어떻게 대해야 하는지에 대해 말하고 싶었다. 좋은 말하기를 위해서는 말의 스킬이 아닌 말의 본질, 즉 말을 대하는 태도가 중요함을, 나다운 삶은 올바른 말하기에서 시작됨을, 이를 통해 나만의 고유한 세계를 만들어 가는 모습을 내 경험으로 보여 주고 싶었다. '몸가짐', '마음가짐'이란 말이 있듯, 좋은 말하기를 위해서는 '말가짐'이 필요하다고 생각했다. 이 책의 제목은 그렇게 탄생했다.

*

말하기는 결국 공동체를 위해 존재한다는 것. 빠르게 흘러가는 세상 속에서 납작해지지 않으려 '나다움'을 찾는 이유도 결국은 타인과 '함께' 살아가기 위함이다. 말하기는 단순히 누군가를 굴복시키거나 내 의견을 일방향으로 전달하기 위한 수단이 아니다. 우리는 함께 살아가는 인간이기에 올바른 말하기, 좋은 말하기가 필요하다. 이는 가장 먼저 자신의 생각을 정확하게 알고, 이를 표현할 '언어의 자립'을 이루는 것에서 시작한다. 사회와 세상의 언어가 아닌 나만의 언어를 찾는 시간인 것이다. 신선하고 독창적인 자신의 언어 세계를 이룬다는 것은 고유한 사고 체계를 갖는 것과 동일하다. 자신이 가장 좋아하는 언어로 스스로를 표현할 수 있을 때, 언어의 자립이 이뤄졌다고 믿는다.

'나는 누구인가?'라는 질문에 대답할 수 있는 자신의 정체성을 찾는 과정 역시 필요하다. 말은 혼자 하는 것이 아니기 때문이다. 말의 성립은 상대방이 있어야 가능하다. '나는 누구인가?'라는 질문에 답을 찾는 것도 마찬가지이다. 온전히 자신을 들여다보고 관찰하는 과정인 동시에, 내 바깥의 세계를 이해하고 그 안에서 내가 어떤 역할을 하는 사람인지 스스로를 이해하고 인정하는 시간이기도 하다. 결국 좋은 말하기는 나를 이해하고 타인을 이해해야 가능하다. 공동체와 조화롭게 설 수 있는 방법을 고민하는 것이자 타인을 위한 배려의 언어로 누군가의 마음을 움직이는 것이다.

우리가 '말'이라고 부르는 단어 속에는 많은 의미가 함축돼 있다. 말의 기본 바탕이 되는 생각과 철학, 가치관뿐 아니라 말하는 태도, 이를 통해 연결되는 소통의 시간, 서로 간의 신뢰, 그리고 말을 하지 않는 고요한 침묵의 시간도 말하기에 포함된다. 말을 단순히 음성학적인 기술로만 봐서는 안 되는 이유다.

좋은 말을 하는 것이 어려운 이유도 여기에 있다. 오랜 시간 생각을 정제하고 재련해 내놓는 글쓰기와 다르게 말하기는 육체를 통해 내뱉는 '습관의 영역'이기 때문이다. 말에는 일상의 언어와 생각, 가치관이 고스란히 드러난다. 그 말을 하는 사람이 어떤 사람인지 여과 없이 투영된다. 그렇기에 좋은 말을 한다는 것은 일상에서 꾸준하게 생각을 수련한다는 의미이기도 하다.

누구나 좋은 말을 할 수 있다. 누구나 자신만의 이야기를 할 수 있다고 진심으로 믿는다. 나는 많은 사람들이 자신의 진짜 마음을 들여다보고 그 마음을 정확한 언어로 표현하기 위해 노력하는 순간을 응원한다. 모두가 자신만의 빛나는 이야기를 꺼낼 수 있도록 곁에서 다정하게 돕는 안내자가 되고 싶다.

누구나 좋은 말을 하는 세상을 꿈꾼다. 타인의 상황과 이야기의 맥락을 이해하고 말을 건네는 사람들이 가득한 세상, 서로의 다름을 기꺼이 인정하고 다름에 대한 혐오나 다툼 없이 말을 섞는 사람들이 가득한 세상, 세상이 외치는 성공 방식이 있더라도 내 안으로 깊숙이 들어가 자신만의 행복과 성공 방식을 찾는 사람들이 가득한 세상. 이런 세상이라면 나 역시 습관적으로 해 오던 타인과의 비교를 멈추고, 세상의 방향이 아닌 나만의 방향으로 튼튼하게 걸어갈 수 있을 것 같다. 주변을 돌아보며 이렇게나 다채로운 세상을 살아가고 있음을 온몸 가득 느끼면서.

내가 살고 싶은 세계는 사람들의 다양한 이야기가 말로써 공존하는 그런 세계이다.

2022년 6월
스토리젠터 채자영

차례

1

나다운 삶은 말하기에서 시작된다
_단단한 나를 만드는 말가짐

2

누구나 무대에 설 자격이 있다

_일터에서 배우고 깨달은 말가짐

3

경청하는 세계에는 힘이 있다
_올바른 관계를 위한 말가짐

1
나다운
삶은
말하기에서
시작된다

단단한
나를 만드는
말가짐

당신의 말이 좋다는 것은
당신의 생각이 좋다는 것이다

> 지금의 나는 확신한다. 말을 잘한다는 것이 결코
> 말의 스킬이 좋다는 의미가 아니라는 것을.

우리는 살아가면서 종종 진짜 중요한 것이 무엇인지 잊어버리곤 한다. 아니, 사실 자주 그러는 것 같다. 일상은 너무 바쁘고, 일은 많고, 시간은 부족하기 때문이다. 인생을 이렇게 허겁지겁 살아가도 되는 것일까 고민한다. 하지만 이렇게 살다가도 아주 작은 스위치를 통해 다시금 진짜 중요한 것으로 회귀하는 순간을 맞이한다. 나에게는 얼마 전 받은 편지 한 통이 그랬다.

"아직도 부족한 게 많고 헤매고 있지만 샘을 보면서 많은 영감, 좋은 영향을 받아 한 걸음 한 걸음 나아갈 수 있는 것 같습니다. 앞으로 저에 대해 조금 더 알아 가고, 샘처럼 '내 삶'을 살 수 있게 용기 낼 수 있는 사람이 되려 노력하겠습니다."

한 글자 한 글자 힘주어 정직하게 써 내려간 그 편지에는 길지 않지만 하고 싶은 이야기가 꾹꾹 담겨 있었다. 바른 자세로 앉아 차근차근 읽어 내려갔다. 1년 전 만난 이 학생은 아마도 말을 잘하고 싶어 나를 찾아왔을 것이다.

말을 잘한다는 것은 도대체 무엇일까. '말'을 직업으로 삼고 있는 사람이다 보니 이에 대해 오래 고민해 왔다. 작은 땅덩어리에서 복작복작 살아가고 있어서인지, 오래전부터 전해 내려오는 선조들의 미덕 때문인지 우리 사회에서는 평판이 꽤 중요한 것이 사실이다. 그렇기에 타인의 시선을 의식할 수밖에 없는 분위기이다. 이런 사회에서 말을 잘한다는 것은 어쩌면 무대에서 단정하고 완벽하게 말한다는 의미로 들려왔을 것이다. 우리가 통상적으로 생각하는 스피치 교육이 목소리를 어떻게 내야 하는지, 무대에서 어떻게 이동해야 하는지, 어떻게 하면 가급적 명료한 어투로 말할 수 있는지 등 '말의 스킬'에 집중돼 있는 이유이기도 하다. 말하기 스킬과 관련된 교육법은 짧은 시간에 큰 효과를 볼 수 있으니 많은 사람들이 열광했을 것이다.

나도 처음엔 그랬다. 당연한 것이 당연한 줄로만 알았다. 내가 학교에서 배운 말하기는 스킬에 가까웠다. 처음 전문 프리젠터가 됐을 때, 무대에서 토씨 하나 틀리지 않는 완벽한 모습을 보여 줘야 멋진 프레젠테이션이 완성된다고 믿었다. 적어도 이 일을 시작하고 3년 차까지는 그렇게 생각했다. 그런데 언젠가부터 말의 스킬보다 더 중요한 게 있다는 것을 현장에서 자연스럽게 깨달았다.

지금의 나는 확신한다. 말을 잘한다는 것이 결코 말의 스킬이 좋다는 의미가 아니라는 것을. 말의 스킬은 단지 하나의 요소일 뿐이다. 말을 잘한다는 것은 곧 그 사람의 생각이 좋다는 말이다. 그러니 말을 잘하려면 먼저 생각이 바로 서야 한다. 다른 사람 앞에서 이야기하고 싶은 내용이 내 안에서 단단하게 바로 설 때까지 기다리고 다듬어야 비로소 '진정한 말하기'가 시작될 수 있다.

타인의 인정을 받는 것도 물론 중요하다. 말을 한다는 것은 내 생각을 혼자만 간직하는 것이 아니라 누군가에게 표현한다는 것이고, 이는 곧 타인과 관계를 맺고 싶다는 뜻이기도 하다. 하지만 타인의 인정을 받기 이전에 내 안에서 어떤 생각과 이야기가 나오고 있는지 똑바로 바라보는 것이 중요하다. 그리고 그게 나만의 고유한 생각과 이야기라는 것, 그렇기에 소중하다는 것을 알아야 한다.

그 사람의 말이 좋다는 것은 그 사람의 생각이 좋다는 것이다. 말을 잘한다는 것은 그 사람만의 고유한 생각을 갖고 있다는 뜻이고, 그러므로 다른 의미에서 자신만의 주체적인 삶을 살아가고 있다는 뜻일 테다.

　일터에서 비슷한 말을 수십 번 반복하다 보면 어떤 날은 영혼 없이 그저 말의 껍데기만을 읊조리고 있다는 생각이 든다. 생각은 없고 말만 남아 있다. 그런 말이 누군가의 마음을 움직일 리 없다. 누군가에게 감동을 전할 리 없다. 그저 사람들 앞에서 수년간 다져 온 말하기 스킬을 현란하게 보여 주고 있을 뿐이다.
　1년 전 만난 그 학생은 아마 말하기 스킬을 배우고 싶은 마음에 나를 찾아왔을 것이다. 하지만 나는 그런 학생들에게 굳이 꼬불꼬불 돌아가는 길을 알려 준다. 단박에 좋아지는 비법 같은 것은 없다. 나는 시간의 힘을 믿고 천천히 생각을 기르는 법을 알려 주고 싶다. 혼자 생각하는 법, 단단한 생각을 만드는 법, 그래서 타인이 제아무리 호랑이 같은 시선으로 쏘아본다고 해도 주눅 들지 않고 내 이야기를 할 수 있는 법, 스스로 내 이야기를 소중하게 여기는 법, 오랜 시간 단련한 끝에 드디어 진짜 말 잘하는 사람이 되는 법을 말이다.
　그 학생이 건넨 편지 속에는 내가 가장 중요하게 생각하는 가치이자 학생들에게 전해 주고 싶었던 '내 삶'이라는 단어가 있었다. 편지를 통해 나는 그간 혼자만의 바람으로만 품고 있던,

말하기 수업을 통해 자신의 삶을 바라보도록 도와줄 수 있다는 작은 희망을 꺼내 보게 됐다.

꾹 눌러쓴 편지 한 통으로 오늘은 얼마나 영혼을 담아 말하고 있나 스스로를 돌아본다. 그리고 빠른 길 따윈 없다고, 저 멀리 돌아가는 길을 알려 준 아주 불친절한 선생을 이렇게나 친절한 마음으로 받아 준 친구가 있다는 것에 감사함을 느낀다.

배신감에 치를 떨면서도
늘 하는 질문

❝ 내가 할 수 있는 말,
내가 하고 싶은 말이 무엇인지 차츰 보였다. **❞**

가장 찬란하고 아름다운 시절이지만 정작 스스로는 잘 모르는
시기. 내 20대는 내면의 아름다움을 찾기보다는 부족함을 채우
기 위해 전전긍긍 노력하던 시기였다. 이상할 정도로 성장에 대
한 강박과 불안이 컸는데, 그땐 그게 이상한지조차 몰랐다. 괜찮
은 척하는 자기 위안의 멋에 취해 그 시절을 견뎌 온 것 같다.

나는 감투 쓰길 좋아하는 두 명의 '감투 대장' 밑에서 자랐
다. 엄마는 IMF가 오기 전까지 수원 삼성전자 단지에서 제일 잘
나가는 에어로빅 학원의 원장님이었고(자신의 이름을 내건 학원이
었다), 아빠는 어느 동호회든 나가기만 하면 회장을 맡는 무시무
시한 사람이었다. 돌이켜 생각해 보면 두 사람이 헤어진 것은 당

연한 일처럼 느껴진다. 어쨌든 자기주장이 강한 두 사람 덕분인지 나는 어릴 때부터 손 들고 말하길 좋아하는 '발표 대장'이었다. 아주 잠깐이지만 아역 배우를 했던 경험도 분명 한몫했다. 내가 입을 떼면 모든 사람이 나에게 집중해 내 이야기를 듣는 무대 위의 반짝거리는 순간을 즐겼다. 이 삶은 대학생 때까지 계속됐다. 나는 반장이나 과 대표 등 어떤 감투든 감사히 받고 또 즐겼다.

내 인생에서 무대 위의 삶만 있고 무대 아래의 삶은 없다는 것을 깨달은 건 대학교 3학년 때였다. 내 일상조차 누군가에게 보여 주기 위한 삶에 머물러 있다는 것을 긴 시간이 흐른 후에 알아차렸다. 엄마가 기뻐할 만한 시험 점수를 받고, 선생님이 좋아할 만한 행동을 하고, 누군가가 보기에 부족함이 없어 보이는, 늘 밝고 기뻐 '보이는' 삶을 살았다. 기쁘지 않은 순간에도 웃으려고 노력했고 슬픔이 왈칵 찾아온 순간에도 괜찮은 척 꾹 참았다. "칭찬받으려고 애쓰는 아이의 삶 같아." 누군가는 나에게 이런 말을 했다. 가장 믿을 만한 사람이 던진 진심 어린 충고였다. 타인의 시선에 완벽하게 멋져 보이고 싶은, 내 기준보다는 타인의 기준에 맞춘 모범생의 삶을 살아온 것이다.

그래서인지 그 당시 내 말하기를 돌아보면 알맹이는 없고 겉만 있어 보이는 얄팍한 말하기였다. 스스로 어떤 말을 하고 싶은 지는 살뜰히 챙겨 보지 않고, 이것저것 검색해서 보고 들은 멋진 말을 인용하거나 아나운서처럼 억양을 고조시켜 당당하게 말하 는 것으로 타인을 현혹했다. 그땐 내 안에서 우러나온 언어가 아 니라 여기저기서 멋져 보이는 언어를 짜깁기해 스크립트를 썼 다. 타인의 언어를 외워서 무대에 올라갔으니 자연스러울 리 만 무했다. 어제 처음 본, 기억조차 잘 나지 않는 단어를 말하기 위 해 안간힘을 썼고 그 때문에 몸은 로봇처럼 굳어졌다.

정작 무슨 말을 하고 싶은지는 안중에도 없었다. 그래서 '이 야기 자존감'이라고는 눈곱만큼도 찾아보기 힘들었는데, 누군가 내 이야기에 반기를 들거나 비판하면 금세 얼굴이 붉어지고 화 가 났다. 반박할 말이 없었기 때문이다.

그렇게 열심히 살아왔는데 고작 누군가에게 잘 보이기 위한 삶이었다는 것에 적잖이 충격을 받은 것은 나 자신이었다. 그 충 격의 깨달음 이후로 가만히 있을 순 없었다. 나는 두 팔을 걷어 붙이고 내 안으로 열심히 파고들었다.

그때부터였다. 어떤 선택을 하든, 어떤 행동을 하든 스스로 에게 끊임없이 '왜'라고 묻는 의심병이 생겼다. 타인의 시선에 맞춰 살아온 몸과 마음의 관성을 떨쳐 내기 위해 지푸라기라도 잡는 심정으로 택한 방법이었다. 어떤 것이든 '왜'라고 묻는 것의 시작이 결국 '철학적 삶'으로 가는 방법이라는 것을 알게 된 건 꽤나 시간이 흐른 뒤였다.

스스로에게 꼬치꼬치 캐묻는 의심병은 곧 힘을 발휘했다. 특히 선택의 앞에서 끈질기게 물었는데, 대체로 '지금 이걸 왜 해야 하지?' '그곳에 가야 하는 이유는 뭐지?' '나는 왜 내 시간을 써서 그 일을 하는 걸까?' '나는 무엇을 하고 싶은 걸까?' '굳이 지금 말을 해야 할까?' '내가 정말 원하는 일일까?' 같은 질문들이었다. 물론 이런 질문에 속 시원하게 대답하는 날은 손에 꼽았다. 아니, 거의 없었던 것 같다. 호기롭게 두 팔을 걷어붙이고 시작한 일이었는데 노력에 비해 결과는 아주 미약했다.

하지만 이 질문을 가슴에 품고 있는 것만으로도 생각과 행동이 분명 더 나답게 바뀌었다. 처음으로 어떤 질문은 굳이 대답하지 않아도 된다는 것을 알게 됐다. 이때부터 나는 남에게 좋아보이는 선택이 아닌, 내가 좋아하는 것을 선택하는 연습을 하기 시작했다. 나에게 없는 것을 채우기 위해 애쓰기보다는 이미 내 안에 있는 것, 내가 갖고 있는 나만의 이야기를 발견하기 위해 노력했다.

가장 먼저 대학교에 입학한 후 지금까지 내가 했던 일들을 나열해 봤다. 아주 사소하고 하찮은 일이라도 빠짐없이 복기해리스트업했다. 그리고 그 일을 하며 느낀 감정과 배운 것을 키워 드로 적었다. 시간은 너무 빠르게 흐르기 때문에 내가 어떤 것을 해냈고 축적했는지조차 깨닫지 못하고 지나가기 일쑤인데, 그렇게 하니 이전과 다르게 조금씩 성장한 내 모습이 보였다. 동시에 내가 할 수 있는 말, 내가 하고 싶은 말이 무엇인지 차츰 보였다. 내 말하기와 글쓰기는 이때부터 변하기 시작했을 것이다.

물론 이런 노력에도 불구하고 그때나 지금이나 타인과 나를 비교하면서 나는 도대체 뭘 하고 있었나 한탄하고, 부러움과 질투에 사로잡히고, 하루 종일 뚱한 기분을 붙들고 있는 날도 더러 있다. 그런데 그 비교 상대를 보면 터무니없어 웃음이 나는 경우가 대부분이다. 얼마 전에는 첫 책《실전 프레젠테이션 이야기》를 출간한 후 비슷한 시기에 책을 낸 대작가들의 행보를 보며 부러워하고 시기하고 스스로 작아지기도 했다. 지금 생각하면 한숨부터 나온다. 이제 막 책을 낸 신인 작가가, 그것도 출판사마저 직접 만든 신인 출판사 대표가 자신과 비교도 안 되는 상대를 보며 어떻게 그런 마음을 가졌는지 도무지 이해되지 않는다. 그럴 때면 내 안으로 치열하게 파고들고자 했던 지난 노력에 배신감을 느낀다. 하지만 배신감에 치를 떨고 있으면 이내 마음 깊은 곳에서 그렇게라도 노력했기 때문에 지금의 내가 있다고, 그래서 지금 이 모든 일을 할 수 있는 거라고 넌지시 말을 걸어온다.

나는 더 이상 검색을 통해 찾은 멋진 말을 앞머리에 붙이지 않고 격양된 어조로 말하지도 않는다. 기억조차 나지 않는 단어로 가득한 스크립트는 더더욱 쓰지 않는다. 어제 찾은 생소한 언어가 아닌, 일상에서 자주 사용하는 익숙한 언어로 내 이야기를 튼튼하게 만들어 간다. 앞으로도 나는 내 말하기를 건강하게 채우기 위해 종종 배신감에 치를 떨면서도 끊임없이 '왜'라고 물으며 스스로를 채근할 것이다.

나를 지탱하는
한 단어는 무엇인가요?

> 66 하지만 그럼에도 변하지 않는 것들이 있다.
> 어떤 것들은 단단하게 굳어 삶을 지탱한다. 99

요즘엔 어딜 가나 자기소개를 한다. 새로운 프로젝트를 시작할 때도, 커뮤니티에 가서도, 심지어 지난 2017년 4월부터 3년간 함께 기획하고 운영했던 국내 최대 브랜드 커뮤니티 Be my B 에서는 2주에 한 번씩 새롭게 찾아오는 사람들에게 매번 자기소개를 했었다. 이제 꾹 누르면 바로 튀어나올 정도로 단련이 됐을 법도 한데, 이상하게 아직도 나는 자기소개가 제일 어렵다. 각산업의 경계에서 다양한 일을 하다 보니 세상이 규정한 한 가지 업으로만 나를 설명하는 게 힘들기도 하고, 언젠가부터 그저 내가 속한 회사의 타이틀로 나를 소개한다는 게 얼마나 멋없는 것인지 알았기 때문이다.

자기소개란 다른 의미에서는 '나'를 정의하는 것인데, 나라는 사람을 정의한다는 건 누구에게나 쉽지 않은 일일 것이다. 그럼에도 우리는 너무나 쉽게 스스로를 정의하고 있지는 않은지, 아니, 사회가 혹은 세상이 말하는 역할에 나를 가두고 있지는 않은지 등등의 생각이 들었다. 이런 생각을 갖게 된 데에는 일과 삶을 분리시키지 않는, 결국 일로서 무언가를 성취해 내고 그게 삶에 큰 영향을 미치는 내 특성이 그대로 반영됐기 때문이라 생각한다. 그리고 나는 최근에야 일과 삶의 통합이 얼마나 아름다운 것인지 느꼈다. 그동안 해 왔던 일을 정리하는 것이 곧 내 삶을 정리하는 일임을, 내가 어디로 나아가야 할지 정의 내리는 일임을 깨달았다.

회사에서 주 5일 정규직으로 일하며 입찰 현장의 전략을 짜고, 프레젠테이션을 기획하고, 무대에 서는 역할을 했을 때는 당연하게 "안녕하세요, 전문 프리젠터 채자영입니다"라고 스스로를 소개했다. 지금 보면 매력도 없고 특색도 없다. 그런 나에게 친한 지인들은 종종 '프레젠테이션 안에 스스로를 가두지 말라'고 이야기했다. 당시에는 그게 어떤 의미인지 알지 못했다.

하지만 시간이 흐르면서 자연스럽게 그 의미를 깨달았다. 내 일을 '확장'하고 싶다는 마음이 간절하게 자리 잡은 것이다. 단순히 프레젠테이션이 아니라 이 업을 발판 삼아 내가 할 수 있는 일이 무엇일지 찾고 싶었다. 그때부터 일의 확장에 대한 고민이 시작됐다. 스스로 어디까지 갈 수 있을지 시험해 보고 싶었다. 그때, 내 안에서 반짝 빛난 한 단어가 바로 '스토리'였다. 이 단어를 찾았을 때의 짜릿함을 아직도 잊을 수 없다. 나는 스토리를 내 삶의 한 단어로 삼고 달려가기로 결심했다. 하지만 단순히 머릿속으로 그려 보는 것과 실제로 두 발을 땅에 딛고 서는 일은 정말 다르다. 스토리를 다루는 수많은 일 중 내가 할 수 있는 일이 과연 무엇일까, 다시 한번 고민에 빠졌다.

　나는 기업뿐만 아니라 한 사람의 스토리를 다듬고 맥락을 잡는 일을 하고 싶었다. 그렇게 나는 2019년 4월, 스토리 경험 디자인 그룹 필로스토리를 공동 창업했다. 대기업인 현대백화점의 리브랜딩 전략 슬로건 작업부터 로컬 스몰 브랜드의 이야기를 전하는 '메이드 인 성수^Made in Seongsu' 프로젝트, 스토리텔러를 위한 창작·교류 공간인 연남동 기록상점을 오픈하는 것까지 '이야기'를 개발하고 경험할 수 있는 여러 프로젝트를 쌓아 오고 있다. 나는 이 모든 것이 지난 9년간 프레젠테이션이라는 업 속에서 내가 가장 잘할 수 있는 나만의 이야기 도구를 찾아낸 덕분이라고 생각한다.

　나는 업의 경계를 넘나들며 지금까지 다양한 일을 하고 있다. 현대사회는 하나의 정체성만으로는 자신을 소개할 수 없는 시대다. 우리는 이미 여러 자아를 갖고 많은 역할을 하며 살아가고 있다. 세상이 정해 놓은 타이틀에 나를 끼워 맞추는 것만큼 매력 없는 일도 없을 것이다. 나를 제대로 소개하고 싶다면 내가 무슨 일을 하고 싶은지 혹은 하고 있는지 그 다채로운 시간을 돌아보고 바라보며 나만의 이야기 도구를 찾고, 스스로 무어라 정의 내려도 부끄럽지 않은 순간, 그 순간을 만들어 가야 한다. 그러면 깨달을 것이다. 나를 소개할 나만의 언어를.

2015년부터 '스토리젠터^{Storysenter}'라는 브랜드로 나를 소개했다. 프레젠테이션을 할 때 가장 중요한 것이 '나만의 이야기'로 자연스럽게 말하는 것이라 생각했고, 지인들과의 술자리에서 Story와 Presentation의 합성어인 스토리젠터라는 네이밍이 탄생했다. 그리고 이 이름으로 '스토리젠터 채자영의 마음을 움직이는 이야기'라는 팟캐스트를 시작했다. 스토리젠터는 내가 중요하게 여기는 이야기라는 가치와, 내가 가장 잘할 수 있는 프리젠터라는 일을 단번에 보여 주는 이름이었다. 지금은 유튜브에서도 '스토리젠터 채자'로 활동하고 있다.

2018~2019년에는 나를 이렇게 소개했다. "하고 싶은 이야기를 함께 '발견'하고, 이를 '구조화'하고, 청자에게 잘 '전달'하

내 가치관을 드러내고 나를 증명하는 힘, 그것은 결국 '나만의 이야기'에서 나온다.

는 사람". '이야기를 만드는 것'이 무엇인지 소개에 담아 표현하고 싶었다. 내가 생각하는 이야기를 만드는 일은 다음의 3단계로 이뤄진다. 이야기를 발견^{Find}하고, 구조화해 메시지화하고^{Build}, 타인 앞에서 내 메시지를 지키면서^{Keep} 표현하는^{Delivery} 일. 그리고 왜 이런 일을 하는지 나만의 가치관을 확고히 하고 싶었다. 2020년에는 이렇게 소개했다. "이야기를 설계하는 스토리디렉터". 2021년부터는 "세상에 꼭 전해져야 하는 이야기를 말하는 프리젠터"라는 말로 나를 소개하고 있다.

때에 따라 나를 다르게 표현하지만 변하지 않고 꼭 따라붙는 단어가 있다. 바로 '이야기'다. 2015년부터 지금까지 이 단어를 다양하게 변형하면서 나를 소개한다.

사람은 변한다. 우리의 정체성도 변한다. 상황에 따라 때로는 진지하게, 때로는 유쾌하게, 때로는 프로페셔널하게 스스로를 소개해야 한다. 하지만 그럼에도 변하지 않는 것들이 있다. 내가 굳건하게 믿는 가치관이라든지, 내가 되고 싶은 내 모습이라든지. 어떤 것들은 단단하게 굳어 삶을 지탱한다. 그런 한 문장, 한 단어를 찾는 것. 내 인생이 가로로 넓어지거나 세로로 길어져도 변하지 않을 것들. 내 안에서 나를 만드는 것들. 자기소개를 잘하려면 어렵더라도, 시간이 걸리더라도 이를 찾아야 한다. 결국 이런 것을 함께 생각해 볼 수 있겠다.

내 안에서 나를 지탱하는 한 단어, 한 문장은 무엇인가?
시간이 흘러도 변하지 않을 가치인가?
내 현재와 미래를 함께 담을 수 있는가?
누구나 알 수 있는 단어인가?
나는 어디로 확장해 나가고 싶은가?

내가 지금껏 걸어온 과거와 현재에서 힌트를 얻고, 이를 바탕으로 가고자 하는 방향으로 의미를 담는 것. 나를 위한 진짜 자기소개는 그렇게 만들어져야 한다.

생각을 키우는
문장 수집

> " 누군가를 설득하기 위해 가장 중요한
> 첫 번째 조건은 스스로를 설득하는 것이다. "

때로는 예상치 못한 곳에서 마음을 들켜 버리곤 한다. 그리고 나는 이런 순간을 무척 반긴다. 나에겐 나조차 내 마음을 몰라 허우적댈 때 한 줄기 동아줄처럼 나를 붙잡아 주는 문장을 발견하는 순간이 그렇다. 나는 그 동아줄과도 같은 문장을 오래도록 기억하기 위해 작은 노트에 기록하기 시작했다.

처음 '문장 수집 노트'를 쓰기 시작한 것은 순전히 취업 준비 때문이었다. 그 어렵다는 언론 고시. 딱 첫 줄만 보고 다음 문장을 읽을지 말지 결정한다는, 바늘구멍보다 뚫기 어렵다는 작문 시험을 통과하기 위해 읽는 사람의 마음을 후벼 팔 강렬하고 멋진 문장들을 노트에 수집했다. 물론 내 아이디어는 아니었다. 대학교에 특강을 온 기자 선배가 알려 준 자신의 합격 비법이었다. 그는 이것을 '총알 노트'라고 했다.

이름부터 강렬했다. 나는 총알 노트의 전도사가 되어 친구들과 함께 총알 노트를 적고 나누며 강렬하고 멋진 문장들을 수집했다. 하지만 시간이 지날수록 내 총알 노트는 점점 이상한 방향으로 흘러갔다. 처음엔 작문 시험의 첫 문장에 나올 법한 문장들을 수집했는데, 어느 순간부터 내 마음에 드는 문장들을 모았다. 지금 내 처지에 딱 어울리는 문장이나 나에게 위로를 주는 문장들. 더 이상한 것은 그 문장 아래에 이 글이 왜 좋은지 내 감정과 마음을 적기 시작한 것이다.

총알 노트는 더 이상 총알 노트가 아니었다. 채자영의 '인생 노트'가 되어 가고 있었다. 나는 강렬하고 멋진 문장이 아니라 공부하러 나가는 길에 엄마가 나에게 한 말, 언론사 시험에 떨어진 날 학원 원장님이 해 준 말, 함께 해외 봉사를 다녀온 친구가 건넨 말, 드라마 속 대사, 지나가며 들은 이야기, 책 속의 문장들을 수집했다. 내 노트는 이제 타인의 마음을 후벼 팔 생각은 없고 그저 내 마음을 튼튼하게 지켜 주는 용도로 변했다. 만약 누군가가 길가에 떨어져 있는 이 노트를 본다면 스케줄러만 없을 뿐 어떤 문장과 함께 한 사람의 평범한 일상이 담긴 일기장이라고 생각할 정도였다.

내 모든 생각과 말의 시작점이자 지금의 나를 만든 문장 수집 노트.

나는 채자영의 인생 노트가 된 총알 노트를 생각보다 성실하고 꾸준하게 써 내려갔다. 강렬하고 멋진 문장이 아닐지라도 내가 수집한 문장들 역시 꽤나 멋지고 또 쓸모가 있었다. 실제로 내 마음을 흔들고 나에게 울림을 준 말들이다 보니 중요한 선택의 순간에 내가 원하는 것이 무엇인지 알려 주는 단단한 뿌리가 됐다.

　마치 내 인생을 바꿔 놓을 것만 같은 선택의 순간, 그런 순간에는 내가 바라는 것이 타인이 꿈꾸는 내 모습인지 아니면 진정 내가 원하는 내 모습인지 헷갈리기 마련이다. 특히 가까운 사람들의 욕망이 나에게 투영될 때가 아주 많다. 엄마, 선생님, 친구들. 세상의 기준과 내 안의 기준이 모호하고 헷갈릴 때마다 성실하게 쌓아 온 채자영의 인생 노트를 휘리릭 넘겨 봤다. 그 안에는 나는 무엇을 중요하게 생각하는지, 내가 추구하는 가치가 어떤 것인지 멋 부리지 않은 언어로 분명하게 적혀 있었다. 종종 타협하고 싶거나 포기하고 싶은 순간에도 그 노트를 보며 내 안에서 우러나온 선택을 할 수 있었다. 진짜 내 인생 노트가 된 것이다.

　나는 그걸 더 이상 총알 노트라고 부르지 않는다. 그리고 그 노트는 자기소개서를 쓸 때, 면접을 볼 때, 처음 원하는 일을 시작했을 때, 마음이 우울할 때나 아주 기쁜 칭찬을 들었을 때 등 어느 순간에나 내 곁에 함께하고 있다. 취업 준비를 위해 쓰기 시작한 노트였는데 취업을 넘어 인생의 언덕을 함께 오르내리고 있다.

나는 단순히 문장을 필사해 수집하는 것에 그치지 않고 그 아래 단상을 적어 내려간 것이 결국 내 말과 글을 단단하게 만드는 데 큰 역할을 했다는 것을 안다. 그 문장을 만났을 때의 내 상황과 마음 상태, 즉 내 맥락을 간결한 글로 정리하고 왜 좋았는지 나만의 의미를 찾는 것이 중요했다. 채자영의 인생 노트에서 가장 중요한 부분은 내가 수집한 문장들이 아니라 그 아래 있는 내 생각들이었다.

어떤 문장이든지 그저 필사에만 그친다면 그 문장은 제힘을 발휘하지 못한다. 수집한 문장은 생각의 시작을 열어 준 것일 뿐이다. 그저 좋은 문장을 필사한 것에 그쳤다면 많은 문장들이 마음에 머물지 못하고 사라졌을 것이다. 내가 좋아하는 문장을 쓰고 쓰고 또 쓰다 보면 어느샌가 자연스럽게 내 것처럼 느껴지는 순간이 찾아온다. 인용하고 또 인용하다 보면 처음 그대로 필사했을 때의 모습은 사라지고 내 언어와 내가 사랑하는 작가의 언어가 버무려져 새로운 언어가 탄생한다. 나는 이 순간이 바로 '언어의 자립'이 이뤄지는 순간이라고 믿는다. 나답게 말하기 위

'나'라는 사람이 누구인지 한 권의 책처럼 돌아볼 수 있는 콜렉트북은
보기만 해도 마음이 든든해진다.

해서는 타인의 언어가 아니라 내가 가장 좋아하는 언어로 나를 표현하는 언어의 자립을 이뤄야 한다.

굳이 이 문장이 왜 좋았는지 묻고 답하는 연습이 필요한 이유는 타인을 설득하는 것뿐 아니라 나 스스로를 설득하기 위함이다. 누군가를 설득하기 위해 가장 중요한 첫 번째 조건은 스스로를 설득하는 것이다. 나조차 설득하지 못하는데 과연 누구를 설득할 수 있단 말인가. 스스로를 납득시키고 설득했다면 노력하지 않아도 깊은 곳에서부터 우러나오는 당당함과 단호함을 느낄 수 있을 것이다.

점점 이상한 방향으로 흘러가던 총알 노트는 내 마음대로 이상하게 흘러간 덕분에 지금까지도 성실하게 쓰고 있다. 나는 이제 문장 수집 노트의 전도사가 되어 만나는 사람마다 마음을 움직인 문장을 기록하고 왜 그 문장이 좋았는지 적어 보라고 권한다. 심지어 문장을 수집하기에 적절한 노트를 직접 제작하기까지 했다. 그리고 그 노트의 이름을 '콜렉트북Collect Book'이라고 지었다. 내 이야기가 쌓인 노트의 마지막 장을 덮는 순간, 마치 나에 대한 한 권의 책처럼 느껴지길 바랐다. 그것이 곧 좋은 말과 좋은 글의 시작이라고 믿으면서.

때로는 예상치 못한 곳에서 마음을 들켜 버리곤 한다. 나조차 스스로 확신할 수 없는 애매하고 모호한 상태를 누군가 명확한 단어로 통쾌하게 짚어 주는 그 순간을 정말이지 사랑한다. 내 생각의 새로운 시작, 생각의 마중물이 되는 문장 수집 노트는 지금도 매일 내 곁을 지키고 있다.

나 그리고 우리들의
안전지대

> " 일단 내 마음을 움직인 문장에서 시작해
> 진짜 내 마음으로 들어가 보는 것. "

왜 그렇게 열심히 쓰고 적었을까. 머릿속에 부유하는 생각의 정체가 대체 무엇인지 궁금했던 것 같다. 알지 못해 불안한 마음이 사라질 때까지 적고 또 적었다. 불안함을 잠재워 줄 아름다운 문장을 하루에 하나씩 적어 내려갔다. 의무적으로 시작한 일이었는데 어느새 습관이 되고 하루를 마무리하는 나만의 의식이 됐다. 취업 준비를 위해 처음 시작한 문장 수집은 말을 업으로 삼아 살아가는 나에게 단단한 생각의 기둥이 되어 줬다. 말뿐일까. 삶을 살아가는 데 나만의 기준을 잡고, 흔들림 없이 무언가를 선택하고, 그 선택대로 행동할 수 있는 용기의 기반이 됐다.

2021년 10월부터 자아성장 큐레이션 플랫폼 밑미$^{meet\ me}$에서 '문장수집×생각일기'라는 이름으로 다른 사람들과 함께 이 습관을 나누고 있다. 첫 모임에서 내가 지난 시간 해 온 문장 수집과 생각 일기 쓰는 법을 공유하면 사람들은 한 달간 매일 저녁, 자신만의 방식으로 이 리추얼을 인증한다. 매달 약 20여 명과 함께했으니 벌써 160여 명의 사람들과 매일 문장 수집을 하고 생각을 꺼내는 시간을 만들어 가고 있다. 오랫동안 혼자 해 오던 리추얼을 누군가와 함께하는 경험은 이 행위가 나에게 어떤 의미이고, 내 삶에 어떤 변화를 만들어 왔는지 더욱 선명한 언어로 설명하는 시간이기도 했다.

자신의 리추얼을 나누고 리더로 활동하는 '리추얼 메이커'를 처음 시작하며 맞닥뜨린 가장 큰 어려움은 20개월 아기를 키우며 일하면서 매일 나를 위한 규칙적인 시간을 만들 수 있을까 하는 두려움이었다. 아이를 낳고 실제 삶의 패턴이 많이 바뀌었고, 회복이라는 말이 무색하게 하루하루는 빠르게 흘러가고 있었다. 너무나 정신없이 시간이 지나가 내가 무엇을 하고 있는지조차 종잡을 수 없는 날들이 이어졌다. 육아와 일로도 충분히 벅찬 일상에 나만을 위한 시간을 과연 만들 수 있을까? 이런 생각이 발목을 잡았지만, 그렇기에 더더욱 해야만 한다고 다짐했다. 그렇게 리추얼 메이커라는 의무감으로 새벽에 일어나 나를 위해 30분이라는 길지도 짧지도 않은 시간을 매일같이 만들어 냈다. 침대에서 일어나 책상에 앉기까지 몸은 괴로웠지만 일단 앉고 나면 몸과 마음이 싱그럽게 깨어나는 것을 느낄 수 있었다. 그리고 지금은, 노력만 한다면 충분히 하루의 끝에 나를 위한 30분을 내어 줄 수 있다는 것을 깨달았다.

타인에게 보여 주기 위한 내가 아닌 진짜 나를 위한 글쓰기와 생각이 있는 곳. 나는 '문장수집×생각일기' 공간을 이렇게 말하고 싶다. SNS에도 공유할 수 없는 날것의 생각과 마음을 밑미 사람들과 나눴다. 어느 순간 이 공간은 내 안전지대처럼 느껴졌다. 매일 밤 자신의 생각을 써 내려가는 사람들, 그 사람들이 하는 고민의 결은 신기하리만큼 비슷했다. 나는 늘 누군가 수집한 문장과 생각에서 새로운 영감을 얻었다. 우리는 각자의 생각을 인증하는 것에서 멈추지 않고 서로의 글에 응원과 위로, 공감의 마음을 남기기도 했다. 자신을 향한 반성과 고민, 응원의 마음을 가지고 있는 이곳은 보여 주기 식의 글을 쓰는 SNS와는 그 공기가 확실히 달랐다. 이곳은 말 그대로 따뜻하고 안전한 곳이었다.

이 리추얼을 다른 사람들과 함께 나누며 내가 얻는 가장 큰 혜택은 동질감에서 오는 위로였다. 나만 불안한 것이 아니구나, 나만 이런 고민을 하는 것이 아니구나, 삶의 어떤 단계에서는 누구나 언덕을 만나는구나, 인간에게는 크든 작든 삶을 가로막는 저마다의 아픔이 있구나. 내가 부족하거나 잘못해서 그런 게 아니라는 생각, 이 작은 깨달음만으로도 괴롭던 마음이 조금은 괜찮아졌다. 생각해 보면 이곳에는 늘 오늘보다 내일 더 나은 사람이 되기 위해 노력하는 사람들, 그래서 하루하루의 일상을 그저 스쳐 보내는 것이 아니라 돌아보고 회고하는 사람들, 더 나은 삶을 위해 노력하는 사람들이 있었다. 문득문득 마음 둘 곳이 없어 쓸쓸함을 느낄 때 SNS를 끄고 도망치듯 내 안전지대를 찾았다. 이곳에서는 그저 있는 그대로의 나를 인정받고 존중받는 기분이 들었다. 나를 포장하지 않아도 되는 자유. 있는 그대로의 마음을 바라보고 표현하는 자유. 바쁜 일상을 쪼개 만든 나만의 시간은 그렇게 나에게 마음의 해방감을 안겨 줬다.

타인의 문장으로 시작해 자신의 생각으로 흘러 들어가는 많은 사람들의 이야기를 바라본다. 누군가는 내 생각을 꺼내 언어로 표현하는 것이 생각보다 어렵다고 했고, 누군가는 자신의 문장을 쓰는 경험을 "짜릿하다"며 즐겼다. 내 안의 이야기를 꺼내는 과정은 쉽지 않으면서도 또 간단하다. 일단 내 마음을 움직인 문장에서 시작해 진짜 내 마음으로 들어가 보는 것. 내가 좋아하는 것이 무엇인지, 내가 가고자 하는 방향이 어디인지, 내가 살고자 하는 삶의 방식이 어떤 모습인지 최대한 구체적으로 상상하고 풀어내는 것. 나답게 살아가는 삶은 그것부터가 시작이다.

문장 수집을 하는 이유는 결국, 내 언어를 찾기 위함이다. 나에게 영감을 준 타인의 좋은 문장에서 시작해 내 안의 생각과 언어를 찾아가는 길. 분명 내 안에서 떠오른 생각이지만 그 생각의 정체가 무엇인지 헷갈리고 불분명할 때, 타인의 언어를 통해 내 생각을 정확하게 언어화하는 것. 타인의 언어는 그저 내 생각으로 가는 마중물의 역할 그 이상도 그 이하도 아니다. 그러니 수집을 했다면 이제 내 것을 꺼내야 한다. 단지 아름답고 좋은 문장을 필사하는 것에서 그치는 게 아니라 내 문장도 함께 써 내려가야 한다. 단순히 말의 껍데기가 아닌, 내 안의 생각을 단단하게 만들고 장전하는 시간. 매일 밤 나를 위해 문장을 수집하는 것은 그런 시간이다. 무엇보다 혼자가 아닌 함께, 자신의 문장을 찾아 떠나는 여정을 나누는 기쁨이 있는 곳이 있어 나는 오늘도 안전하다.

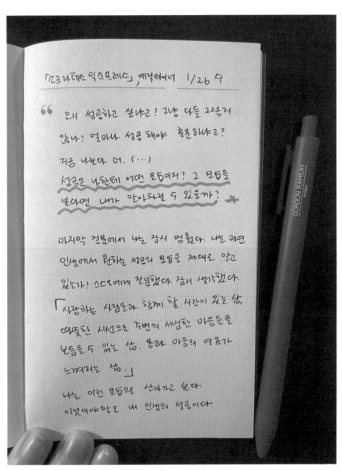

문장 수집 노트의 핵심은 짧게라도 내 생각을 적는 것.
타인의 문장을 통해 내 문장을 만드는 작업은 내 생각을 선명하고 단단히 만드는 시간이다.

좋은 말을 한다는 것은
좋은 사람이 되고 싶다는 뜻

> " 말은 '마음을 전하는 도구'이다.
> 동시에 말은 '사고의 집'이다. "

서울 합정동에 취향관이라는 공간이 있다. 지금은 코로나19의
여파로 잠시 쉬어 가는 중이지만, 처음 그곳을 방문했을 때 크고
길쭉한 건물이 난무하는 도시에서 도무지 찾아보기 어려운 공
간이라고 생각했다. 무릎 아래로 내려오는 낮은 담장에 항상 열
려 있는 나무 문을 지나면 50m 정도 되는 작은 정원이 나온다.
마치 누군가의 집에 초대받은 듯한 느낌으로 벨을 누르고 안으
로 들어가면 영화 〈그랜드 부다페스트 호텔〉에서 본 것만 같은
리셉션이 등장한다. 이 신비롭고도 묘한 공간은 지금, 우리 시대
의 공동체 문화를 위해 탄생했다고 했다.

    취향관은 어떤 삶을 살아가는지, 나는 그리고 우리는 어디

를 향해 가고 있는지 이야기를 나눌 수 있는 대화의 공간이었다. '취향'은 단순히 무엇을 좋아하는지에 대한 가벼운 이야기가 아니라 삶의 방향성을 보여 주는 것이라고 이 공간을 만든 두 대표는 말했다. 대화가 주목적인 공간이다 보니 대표 중 한 명인 케이트는 종종 나에게 말하기와 듣기에 대한 어려움을 토로했다. 한창 수사학회에서 공부하던 나는 말의 본질이란 무엇인지 궁금했던 터라 대화 끝에 그곳에서 'WAYS OF SAYING'이라는 이름의 말하기 살롱을 열기로 했다. 진지한 이야기를 나누기 좋아하는 나에게 그곳은 취향을 완전히 저격하는 공간이었다. 어떤 이야기든 할 수 있을 듯했다. 그동안 궁금했던 것들을 다양한 사람들과 나누고 싶었다. 그래서 첫날 모인 사람들에게 세 가지 질문을 던졌다.

말이란 무엇일까요?
지난 시간 동안 나에게 가장 위로가 됐던 말이 있나요?
나를 기쁘게 하는 말은 무엇인가요?

이유는 간단하다. 내가 원하는 말의 역할이 이런 것이길 바랐기 때문이다. 나에게 위로가 됐던 말을 떠올리며 어떤 날은 내가 누군가에게 이런 말을 해 줄 수 있지 않을까, 나를 가장 기쁘게 한 말을 떠올리며 반대로 나도 누군가에게 이런 말을 해 줄 수 있지 않을까 하는 마음에서 질문했다. 우리는 각각의 질문에 대해 답을 적고 이야기를 나눴다. 그런데 눈앞에 놓인 한 종이를 보고 적잖이 놀랐다.

'괜찮아' '역시 너답다' '자유롭게 살아' '너는 멋있는 사람이야' 등 한없이 포근하고 따스한 위로의 말들 사이에 전혀 어울리지 않는 말이 있었다. '남의 불행'. 순간 내 눈을 의심했다. 하지만 이 말은 명백히 그 자리에 있었다. 겉으로 표현하진 못했지만 내면은 혼돈에 빠져 버렸다. 절대 이런 의도로 질문을 던진 것은 아니었는데 어떻게 반응해야 할까 싶었다. 그저 놀라움과 머쓱함의 분위기로 대충 얼버무리며 못 본 척 스쳐 지나갔다.

집으로 돌아가는 길에도 쉽사리 떠나지 않는 충격을 머금고 생각에 잠겼다. 도대체 왜 그런 말을 적었을까. '나를 놀리려는 심보였을까' 하는 생각이 잠깐 들었다. 순간 그 사람이 괘씸하게 느껴졌다. 나를 당황시키려던 게 분명해. 주먹을 불끈 쥐었다가 다시 곰곰이 들여다보니 이렇게 솔직하게 자신의 감정을 표현할 수 있을까 싶었다. 나는 과연 비슷한 감정을 느낀 적이 없었던가. 유난히 미워하던 누군가의 일이 잘 풀리지 않을 때 속으로 고소해하거나 괜스레 안도한 적이 과연 없었던가.

솔직히 말하자면 수없이 많았다. 억울한 일을 당하고도 말하지 못하는 상황이 오면 간절한 마음으로 하늘에 빌곤 했다. '제발 권선징악이 실현되는 사회가 오도록 해 주세요! 악인은 벌을 받아야 합니다!'라고 말이다. 똑같이 복수하는 대신 성난 마음을 붙잡으며 악한 사람은 벌을 받아야 한다고, 그래야만 한다고, 그래야만 제대로 된 세상이라고, 나는 그런 세상을 원한다고 하늘을 향해 두 손을 모아 기도했다.

하지만 그럼에도 그 사람에게 진짜 안 좋은 일이 벌어지면 마음이 슬플 것 같다. 그래서인지 눈앞에 선명하게 놓인 '남의 불행'이라는 단어가 어쩐지 슬프게 느껴졌다. 다른 말도 아니고, 수없이 많은 말들 중에 고작 타인의 불행 따위가 나를 위로하는 말이라니. 문득 그 사람에 대한 연민이 밀려왔다. 왜 이 단어를 썼을까. 왜 우리는 타인의 불행을 위로로 느끼며 살아가야 할까. 나는 진심으로 그의 속마음이 궁금했다.

'위로'라는 단어를 사전에 입력했다. 따뜻한 말이나 행동으로 괴로움을 덜어 주거나 슬픔을 달래 준다는 뜻이다. 위로는 내가 누군가보다 우위에 있다고 느낄 수 있는 것이 아니다. 경쟁에서 나만 앞서면 된다는 마음이 아니라는 것이다. 아무리 경쟁사회에 내몰린다고 해도, 이렇게 공공연하게 '당신의 불행이 저의 위로입니다'라고 말하는 사회에서는 살고 싶지 않다.

누군가의 불행이 누군가의 위로가 되기를 바라지 않는다. 설사 잠깐의 어리석은 생각으로 그런 마음이 들었다 하더라도 진심이 아니었기를 바란다. 내가 본 그 단어는 그저 나를 놀려 먹으려는 가벼운 마음이었기를 바란다. 그것도 아니라면 진짜 나를 위로하는 말을 찾기를 바란다. 타인과의 비교로 점철된 삶이 아니라 진짜 나를 위한 말, 진짜 내 감정을 건드리고 나를 따뜻하게 해 주는 말을 찾기를 진심으로 바란다.

> 말이 갖는 힘. 상처 입히기 위해서가 아니라, 누군가를 지키고 누군가에게 전하고 누군가와 이어지기 위한 힘을 자각하게 된 뒤로, 자신의 마음을 탐색하고 주위 사람의 기분과 생각을 주의 깊게 헤아리려 애쓰게 됐다.
>
> – 미우라 시온, 《배를 엮다》, 권남희 역(은행나무, 2013)

말은 '마음을 전하는 도구'이다. 동시에 말은 '사고의 집'이다. 말을 도구로만 생각하며 함부로 사용하면 안 되는 이유는 결국 이 말로 인해 내 생각과 행동이 좌우되기 때문이다. 내 안에서 미움과 분노, 좌절 그리고 시기와 질투의 마음이 올라오는 것은 어찌할 도리가 없지만 결국 이 마음을 말로 표현할 것인가 말 것인가는 선택의 문제다. 더 많은 사람들이 스스로를 위해 좋은 선택을 했으면 한다. 좋은 말을 한다는 것은 곧 좋은 사람이 되고 싶다는 뜻이니까.

결과가 아닌 과정의 이야기를
말해야 하는 이유

> 66 변화한다는 것은 한편으로
> 살아 있다는 증거이기도 하다. 99

신중한 사람들은 말을 아낀다. 어떤 사람은 마음속에서 감정이 일어도 타인에게 말하기를 꺼려 하거나 내 안에 있는 감각을 제대로 표현할 수 없을 것 같아 포기하기도 한다. 실제로 많은 사람들이 "왜 또 말을 바꾸냐"라는 소리를 듣기 싫어 지금 어떤 마음인지 말하는 것을 어려워한다.

하지만 이런 사람들은 신중함은 얻을지언정 과정으로서의 진실성을 보여 주는 것은 포기하는 셈이다. 신중함을 택한 사람들은 과정에서 어떤 생각과 태도를 갖고 있었는지 과거의 히스토리에 대해 말한 적이 없기 때문에 결과로서 모든 것을 증명해야 한다. 과정으로서의 이야기를 한다는 것은 결과에 모든 초점을 맞춘다는 것이 아니라, 과정에서 내가 어떤 태도로 임했는지 그리고 어떤 생각이었는지를 중요하게 여기겠다는 의미이기도 하다.

브랜드 스토리를 개발하는 필로스토리에서도 비슷한 고민을 한다. 브랜딩의 가장 중요한 요소 중 하나가 '일관성'이기 때문에 브랜드 스토리가 상황에 따라 그리고 시대에 따라 변하는 게 과연 옳은 것인가 하는 고민이다. 실제로 브랜딩 작업을 하다 보면 고객사에서 종종 이런 질문을 한다. "만약 우리의 생각이 바뀌면 어떻게 하죠? 지금 선언한 이 브랜드 스토리를 바꿔도 괜찮을까요? 지금 단계에서 이렇게 말하는 것은 위험한 일이지 않을까요?"

어떤 고민은 예상치 못한 곳에서 해답을 찾기도 한다. 2018년 여름, 한국수사학회 '수사학 아카데미'에서 《페렐만의 신수사학》이라는 책 속의 문장을 만났다. 그 글은 그동안 고민해 왔던 일관성의 문제에 대해 다시 생각하게 했다.

우리가 스스로의 목적이나 방법을 바꾸었다는 이유로 누군가로부터 잘못되었다거나 일관성이 없다는 지적을 받더라도 결코 두려워해서는 안 된다. 수사학적 사유에 따르면, 고집을 부리거나 잘못된 방침을 고수하는 태도, 또는 경험적 뒷받침이 결여되어 실질적인 이익을 산출하지 못하는 정책을 지속하는 태도는 미덕이 아니다. 우리는 '확고부동함', '일관성', '결속' 또는 '원칙'을 위한 어떤 주장들을 추구하지 말아야 한다. 신수사학은 망설이고 반성한 후, 마침내 행동 방향을 수정하는 이들을 격려하는 유일한 철학이다. 수사학적 정치철학에 따르면, 깊이 생각하고, 대화를 재개하고, 열린 마음을 유지하고, 융통성 있고, 남의 제안을 수용하고, 새롭고 합리적인 충고를 기꺼이 따를 줄 아는 능력이야말로 유일한 도덕적, 사회적 덕목이다.

– 미에치슬라브 마넬리,《페렐만의 신수사학》, 손장권 · 김상희 공역
(고려대학교출판부, 2006)

책에서는 일관성과 원칙을 지키기 위해 더 좋은 곳으로 나아가기를 거부하는 사람들을 비판한다. 아카데미 교수님은 신수사학이 '미완의 동물인 인간이 언제든지 자신의 말을 수정할 수 있도록 격려하는 유일한 학문'이라고 했다. 단단했던 마음도 혼자 있는 방 안에서는 연약해지기 마련이고, 때로는 부딪히고 깨지고 넘어지면서 진짜 내가 원하던 방향을 찾을 수 있는 법이다. 결국 우리가 비판적 시각을 가지는 이유, 타인과 토론을 하는 이유는 더 좋은 방향으로 '수정'하고 나아가기 위해서지, 결코 자신의 진리를 지키기 위함이 아니라는 것이다.

나만의 깊은 사고가 타인과의 토론을 통해 개선되어 나가는 것. 이 얼마나 멋진 일인가! 틀렸다고? 괜찮다. 다시 고쳐 나가면 되니까. 신수사학이 나에게 이렇게 말해 주는 것 같았다. 자신의 실패를 기꺼이 인정하고 앞으로 나아가려는 태도를 가진 사람은 정확하게 내가 존경하는, 그리고 되고자 하는 어른의 모습이었다.

나는 사고가 유연한 어른이 되고 싶다. 나이를 먹어도 '잘 몰랐다' 혹은 '내가 틀렸다'고 말하는 것을 부끄러워하지 않는 어른이 되고 싶다. 과거의 경험, 그 한정적인 경험을 통해 세상 모든 것을 다 아는 것처럼 굴고 싶지 않다. 세상은 넓고 또 빠르게 변화한다. 그러니 영원한 불변의 진리는 어쩌면 없을 것이다. 철학자의 명문장도 시대에 따라 재해석돼야 하고, 상황이 바뀜에 따라 많은 것들이 함께 변화해야 한다. 변화한다는 것은 한편으로 살아 있다는 증거이기도 하다. 그러니 지금 내가 하는 말이 영원히 변하지 않을 것이라고 감히 누가 확신할 수 있겠는가?

우리는 언제든 변할 수 있다. 그때 당시엔 최선이었던 것이 지금은 분명 아닐 수도 있다. 그러니 지금 이 순간, 내 생각을 말하는 것을 두려워해서는 안 된다. 현재의 나를 말하지 않는 것은 과정으로서의 내 이야기를 남기지 않겠다는 것과 동일한 의미이다. 지금, 이 순간에만 유효한 말들이 분명 있다. 그 말은 지금

하지 않으면 세상에 태어나지 못한 채 영영 사라지게 된다.

언젠가 사람들에게 과정의 이야기를 남기라고 했더니 이런 질문이 돌아왔다. "그런데 저에겐 아직 멋진 성공 스토리가 없는 걸요?" 사람들은 왜 과정의 이야기조차 성공적인 결과물을 보여 줘야 한다고 생각할까. 그만큼 타인에게 멋져 보여야만 한다는 강박이 우리의 뇌를 지배하고 있다.

사람들이 가장 흥미로워하는 이야기 중 하나가 '실패담'이다. 그런데 실패해서 그저 우울하고 화가 나는 감정이 아니라 실패를 통해 내가 무엇을 느끼고 배웠는지, 실패를 어떻게 극복해 나갔는지 혹은 어떻게 극복해 나갈 것인지에 대해 더 궁금해한다. 영화나 드라마가 보여 주는 이야기의 본질은 고난과 역경을 이겨 내는 주인공의 태도에 있다. 모든 이야기 속에서 고난을 겪지 않는 주인공은 없다. 우리는 주인공이 그 고난을 어떻게 이겨 내는지 몰입하고, 나에게 그런 상황이 닥쳤을 때 어떻게 극복해 나갈 것인지를 습득한다. 그러니까 우리가 타인의 이야기를 보거나 읽는 이유는 인생을 배우기 위해서다. 소설가 김연수 역시 《소설가의 일》(문학동네, 2014)에서 "이 인생은 나의 성공과 실패에는 관심이 없다"라고 말하지 않았던가. 이야기의 본질은 결과가 아닌 과정에 있다.

이 고난을 통해 나는 어떻게 변화했는가? 고난을 극복하면서 나에게 어떤 변화가 찾아왔는가? 나는 어떻게 나아갈 수 있는가? 나의 무엇이 변화했는가? 스스로에게 이런 질문들을 던지며 과정의 태도와 중요성을 말하는 '과정담'을 사람들에게 전하는 것이다. 말에는 분명 생명력이 있다. 그때 그 당시의 상황과 맥락에서 해야 하는 말이 있다는 뜻이다. 나는 사람들이 자신의 감정과 상태 그리고 변화에 대해 말하는 것을 두려워하지 않았으면 좋겠다.

《페렐만의 신수사학》에서는 말을 바꾸는 사람은 줏대가 없고 자주 흔들리는 사람이 아니라 지금보다 더 나은 곳, 더 좋은 곳으로 변화하는 사람이라고 말한다. 그리고 나는 열린 마음을 유지하고 상대방의 의견을 진심으로 경청하고 기꺼이 수렴하는 사람을 좋은 어른이라고 믿는다. 결과가 아닌 과정의 중요성을 아는 어른, 단 한 번의 결과로 모든 것을 판단하지 않는 어른. 나는 그런 어른이 되고 싶다.

나를 위한
용기의 언어

> ❝ 알을 깨고 세상으로 나아갈 힘을
> 내가 나에게 줄 수 있는 사람이 되기를. ❞

살다 보면 선택의 순간에 놓이게 된다. 특히 인생을 좌지우지할 만한 큰 선택의 기로에서는 누구나 주저하기 마련이다. 2016년 가을, 나는 삶을 송두리째 바꿀 선택 앞에 놓였다. 대학생 때부터 겪은 수많은 좌절과 방황 끝에 진정으로 원하는 일이라 믿어온 전문 프리젠터의 일, 너무나 사랑하는 이 일을 그만둘 것인가 말 것인가 하는 고민에 빠져 있었다. 내가 가장 잘할 수 있는 일이라는 데 의심의 여지가 없었고, 지난날은 이 굳은 믿음을 스스로에게 그리고 세상에 증명해 내는 시간이었다. 사랑하는 일에 몰입하는 시간은 그 깊이만큼이나 빠르게 흘러갔다. 마음을 주고 애쓴 만큼 성장의 폭도 컸다. 매해 마치 점프해서 계단을 뛰어오르듯 달라진 내 모습을 발견했다. 과거에는 보이지 않던 것들이 보였고, 주변 사람들이 내 말을 신뢰하기 시작했다.

하지만 어느 순간 성장 폭이 차츰 더뎌지는 것을 느꼈다. 매일 계단을 오르던 것과는 달리 평지를 계속해서 걷는 느낌이었다. 가파르게 성장해 온 나에게 이 속도는 지루하게 느껴졌다. 앞이 보이지 않는 길을 그저 걷는 기분이었다. 저 끝에 무언가 있을 것이라는 설렘이 없었다. 그렇게 마음은 점차 갈 곳을 잃기 시작했다. 좋아하는 일을 할 수 있다는 감사함으로 5년간 회사를 다녔지만, 어느 순간 반짝이는 빛을 잃고 무채색으로 변해 가고 있는 스스로를 발견했다. 그러자 정신이 번쩍 들었다. 그 찰나의 순간, 나는 내가 어떤 사람인지 다시 떠올렸다. 그리고 처음으로 독립을 결심했다. 회사라는 안전지대가 나를 나태하게 만들었다고 생각했다.

이 자리에 오기까지 얼마나 많은 노력과 고민을 하고 또 눈물을 흘렸던가? 나는 스스로 너무 잘 알고 있었다. '어떻게 찾은 직업인데? 어떻게 얻은 자리인데? 과연 독립 후에 이만큼이나 좋아하는 일을 할 수 있을까?'라는 생각이 끊임없이 나를 괴롭혔다. 하지만 마음 한편에서는 더 큰 세계로 나아가고 싶고, 더 멀리 가 보고 싶다는 생각이 꿈틀거렸다. 지금 나에겐 스스로를 벼랑 끝으로 내모는 두려움보다 새로운 세상에 대한 기대감이 필요했다. 그런 곳으로 나아갈 용기의 언어가 필요했다. 그래서 평소 즐겨 듣던 노래를 조용히 틀었다. 영화 〈모아나〉의 OST 'How Far I'll Go'.

열 번도 넘게 돌려 본 유일한 애니메이션이자 내가 가장 사랑하는 영화 〈모아나〉. 주인공 모아나는 모든 것이 완벽한, 제자리에서 제 역할을 하고 있는 모투누이섬 족장의 딸로 태어난다. 모아나는 어린 시절부터 이유 없이 마음이 끌린 바다를 향해 나아가려 하지만 매번 부모님의 제지로 꿈을 포기한다. 마음의 소리를 따라 끊임없이 바닷가로 달려갔다가 다시 섬으로 돌아오는 모아나를 보면서 안정적인 섬을 떠나 바다를 향해 더 멀리 나아가고자 하는 내 모습을 발견한다.

몇 번이고 주저하고 망설이는 마음. 이곳을 떠나면 과연 다시 일어설 수 있을까 하는 불안감과 지금보다 잘할 수 있을까 하는 두려움. 모아나는 수없는 갈등과 좌절 끝에 모투누이섬의 족장이라는 현실을 박차고 결국 바다로 향한다. 수평선 너머 보이는 시원한 바다, 아름답게 물든 핑크빛 하늘. 모아나가 강렬한 눈빛으로 입을 앙다물고 한 발 한 발 바다로 나아가는 그 순간, 내 마음 역시 함께 바다로 나아간다. 그 장면을 보면 늘 가슴이 뻥 뚫리며 잃었던 무언가를 되찾은 느낌이 든다. 특히 기대에 가득 찬 눈빛과 표정으로 "If I go there's just no telling how far I'll go(내가 가면 얼마나 멀리 갈지 아무도 모를 거야)"라는 노랫말을 부를 때면 내 가슴도 같이 두근거린다.

'모아나^{Moana}'는 폴리네시아어로 '바다'를 뜻한다. 그런 모아나가 바다를 향해 가는 것이 전혀 이상하지 않지만, 마음이 이끄는 대로 행동하기까지 얼마나 많은 고민과 눈물이 숨어 있는지 우리는 알고 있다. 그리고 그 길을 스스로 선택했기에 어떤 시련이 오든 기꺼이 감내할 수 있는 담대함이 자리 잡는다.

2016년, 결국 나는 퇴사했다. 그리고 감사하게도 퇴사 후 다시 재입사를 해 자발적인 비정규직이 됐다. 이틀은 예전처럼 내가 사랑하는 전문 프리젠터의 일을, 나머지는 내가 가고자 하는 스토리와 관련된 다양한 일을 하게 된 것이다. 생각지도 못한 감사한 제안이었다. 나를 믿고 안정적인 섬을 박차고 나아가니 새로운 기회가 주어졌다. 섬 안에 머물렀다면 절대 상상하지도, 알지도 못했을 세계였다.

누구에게나 내 안에 잠들어 있는 열정, 내 가슴을 설레게 만드는 언어가 하나쯤은 있을 것이다. 그걸 찾아내는 것 또한 내 몫이다. 다양한 언어를 수집하고 경험하고 사람을 만나고 콘텐츠를 보는 것은 다른 면에서 내 가슴을 울릴 언어를 찾아내는 과정이기도 하다.

나는 무엇을 위해 여기까지 왔는가? 나는 누구인가? 그래서 내가 가고자 하는 곳은 어디인가? 일상을 살아가다 보면 자연스레 잊히는, 그렇지만 어쩌면 가장 중요한 질문. 〈모아나〉는 나에게 끊임없이 이 질문을 되새기게 한다. 두 시간이 채 안 되는, 누군가에게는 그저 만화 영화일 뿐이지만, 〈모아나〉를 본 뒤의 나는 〈모아나〉를 보기 전의 나와 분명 달라져 있다. 특히 삶을 바라보는 태도에 있어서 더 주체적이고, 더 열정적이고, 더 자신감 가득한 나로 다시 태어나겠다고 다짐하게 된다. 모아나는 나에게 용기의 언어다.

새로운 모험을 하기 위해서는, 새로운 나를 만나기 위해서는 지금 내가 올라서 있는 안전한 땅을 박차고 나아가야 한다. 그 순간 두려움은 함께 찾아온다. 그럴 때마다, 선택의 기로에 주저하며 작아지는 스스로를 마주할 때마다 찾는 용기의 언어를 갖기를 바란다. 알을 깨고 세상으로 나아갈 힘을 내가 나에게 줄 수 있는 사람이 되기를 바란다.

말하고 싶지 않은 사람도
수다쟁이가 되는 마법

> 66 바깥으로 향해 있는 시선을 잠시 거두고
> 내 안으로 풍덩 빠져 보는 연습이 필요하다. 99

"언니는 커뮤니티에 온 사람들을 마지막에는 꼭 말하게 만들더라."

나와 함께 필로스토리를 만들어 가고 있는 해리가 말했다. 아, 그랬던가? 그러고 보니 꼭 마지막엔 그들 스스로 말하게끔 프로그램을 구성했던 것 같다.

해리와 나는 신기한 인연으로 함께 사업을 시작했다. '동업자를 만나는 순간이 이렇게나 간단할 수도 있구나!' 하는 생각이 들 정도였다. 우리는 2018년 4월 제주도에서 진행된 '낯선 컨퍼런스'에서 처음 만났다. 낯선 사람들의 느슨한 연대와 관계를 지향하는 커뮤니티였다. '셀러'를 주제로 자신의 브랜드를 만들어 가고 있는 사람부터 마케터, 디자이너, 아나운서까지 다양한 일을 하고 있는 사람들이 모였다. 사실 제주도에서 만났을 때까지만 해도 해리와 이렇게 친해질 줄은, 아니, 사업을 시작해 매일 붙어 다니며 머리를 맞대고 일하게 될 줄은 전혀 예상하지 못했다.

해리와 처음 따로 만난 지 단 두 시간 만에 나는 함께 일하자고 제안했고, 그는 흔쾌히 수락했다. 그렇게 기념비적인 악수를 하고 우리는 동업자가 됐다. 둘 다 깊은 생각이 없었기 때문에 시작할 수 있었던 것 같다. 우리는 정말 별생각이 없었다. 마치 동아리를 결성하는 마음으로 함께하고 싶은 것들을 늘어놓고 세상에 펼쳐 보자고 맞장구를 쳤다.

우리는 서로를 잘 모르는 상태에서 동업을 시작했다. 그러다 보니 상대방이 어떤 사람인지 관찰하고 분석하는 아주 이상하고 웃긴 취미가 생겼다. 이 요상한 취미는 처음엔 가볍고 웃긴 이야기로 시작했다가 내가 모르던 내 모습, 내가 중요하게 생각하고 있는 가치가 무엇인지를 새삼 깨닫는 반가운 순간으로 점차 변해 갔다.

그러던 어느 날, 함께 밥을 먹고 사무실로 돌아가는 길에 해리가 불쑥 "언니는 커뮤니티에 온 사람들을 마지막에는 꼭 말하게 만든다"라는 말을 한 것이다. 예상치 못한 질문에 내 생각을 꺼내며 '말하기'라는 것이 나에게 어떤 의미인지 새삼 생각할 수 있었다.

나는 사람들이 언제나 자기 자신으로 세상에 서기를 바란다. 그렇게 하려면 다음의 단계를 거쳐야 한다.

1. 내 안에 있는 이야기를 끊임없이 바라보고 찾는 시간을 가져야 한다. 이를 위해서는 바깥으로 향해 있는 시선을 잠시 거두고 내 안으로 풍덩 빠져 보는 연습이 필요하다. 나에게 있는 좋은 이야기 자산을 찾는 것이다. 나는 무엇을 좋아하고, 어떤 선택을 하고, 어떤 것을 즐기고 또 즐기지 않는지 스스로 발견하는 시간이다.

2. 나에게 좋은 이야기도 있고 나쁜 이야기도 있을 것이다. 하지만 그중 어떤 이야기를 할지는 스스로 선택할 수 있다. 지금, 내 이야기의 주도권을 가진 사람은 그 누구도 아닌 나이기 때문이다. 수많은 이야기 중 어떤 이야기를 세상에 내놓을지 스스로의 기준으로 결정한다.

3. 내가 찾은 이야기를 나만의 언어로 타인에게 말하는 시간이 찾아온다. 나는 어떤 사람인지, 왜 이 자리에 있는지, 무엇을 하고 싶은지, 그것이 왜 좋은지 혹은 좋지 않은지에 대해 말하는 시간이다. 이를 통해 타인과 진정한 관계 맺기를 시작한다.

많은 사람들이 말하기는 그냥 하면 된다고 생각한다. 하지만 절대 그렇지 않다. 말하기에는 철저한 준비가 필요하다. 바로 말을 하기에 앞서 생각을 정리해야 하는 것이다. 내가 어떤 마음인지, 왜 이 마음을 갖고 있는지, 지금 눈앞에 있는 상대와 어떤 이야기를 하고 싶은지를 스스로 알고 말하는 것과 모르고 말하는 것은 천지 차이다.

필로스토리에서 진행하는 프로그램이나 살롱에서는 꼭 두 가지 시간을 갖는다. 모두 함께 있지만 하나의 질문에 맹렬하게 매달려 내면으로 파고드는 시간과, 그 과정 속에서 나온 생각을 서로에게 말하고 공유하는 시간이다. 말을 잘 못한다고 손사래를 치던 사람도 그 시간만 되면 반짝이는 눈빛으로 자신의 이야기를 꺼낸다. 여지없이 예정된 시간을 훌쩍 넘긴다. 하고 싶은 이야기가 별로 없다던 사람도 금세 수다쟁이가 된다. 왜냐하면 내 안으로 파고들어 하고 싶은 이야기를 발견하고 생각을 정리할 시간을 가졌기 때문이다.

나는 사람들이 서로 이야기를 나누고 공감하고 위로받는 그 순간이 좋다. 서로가 서로의 말을 경청하고, 진심으로 받아들이고, 종종 그 어느 때보다 따스한 눈빛을 나누는 시간. 이는 오로지 말하기를 통해서만 가능한 시간이다. 그래서 나는 내 곁에 온 사람들에게 끊임없이 질문한다. 그들이 자신의 이야기를 쏟아

낼 수 있도록 말이다. 그러고는 계속해서 그 빛나는 장면을 바라
보고 경청한다.

말하기는 생각을 정리하는
가장 좋은 도구다

❝ 두둥실 떠오른 감각을 포착해
내 언어로 만드는 일. ❞

'내가 가진 능력을 필요로 하는 사람들에게 도움을 줄 수 있지 않을까?'라는 생각으로 찾아간 곳은 바로 스타트업 신이다. 그곳은 자신의 아이디어를 세상 밖으로 구현해 내기 위해 고군분투하는 사람들로 가득 차 있다. 지금, 눈앞에 놓인 투자를 받느냐 받지 못하느냐에 따라 앞으로의 미래가 달라진다. 타인 앞에서 내 비전, 우리의 아이디어를 명확하게 말하는 일. 스타트업 신에서 만나는 사람들은 그 어디에서 만난 사람들보다 말하기에 대한 열정과 간절함을 갖고 있다.

에너지 넘치고 생동감이 흐르는 그 현장이 좋다. 스타트업 신에서는 수많은 사람들이 기회를 잡기 위해 노력한다. 그래서인지 개인에게 주어지는 시간도 매우 짧다. 단 5분, 길어야 7분이다. 5분 안에 내가, 우리가 누구인지 보여 줘야 한다는 말이다. 우리가 가진 비전으로 누군가의 마음을 설득하는 것은 쉽지 않은 일이다. 하지만 누군가는 분명 그 일을 해낸다.

하루는 이제 막 스타트업을 시작하려는 초기 단계의 기업을 대상으로 1대1 프레젠테이션 코칭을 진행했다. 그날 가장 인상 깊었던 대표님 한 분이 있다. 위아래 검은색 옷을 입고 검은색 모자까지 눌러쓴 그는 앉자마자 수줍게 웃었다. 평상시 말할 때는 약간 더듬는 듯 보였다. 말수 자체가 적은 편이었다. 솔직히 고백하건대 나는 그의 프레젠테이션에 별 기대를 하지 않았다. 이어진 프레젠테이션 시간, 자신의 순서가 되자 그는 표정부터 돌변했다. 단 한 번의 주저함도 없이 준비한 내용을 열정적으로 이어 갔다. 평소 말할 때처럼 쑥스러워하거나 더듬는 버릇도 없었다. 마치 다른 사람처럼 자신의 이야기를 프로페셔널하게 마무리했다. 나는 너무 놀라 잠시 가만히 있었다. 생각했던 것과는 다른 모습에 감동했기 때문이다.

"우와, 말씀을 정말 잘하시네요!"

놀란 얼굴로 그에게 말했다. 그러자 그는 다시 수줍은 듯 이야기했다. 지금, 여기까지 오기 위해서 자신이 만든 이 제품을 누군가에게 수없이 설명해 왔다고. 살지 위해 천 번이 넘는 순간을 누군가의 앞에서 자신이 생각한 서비스와 제품에 대해 말해 왔다고 했다.

아, 그제야 알 것 같았다. 천 번의 말하기. 그 끝에는 말을 더듬던 사람도 명료하게 말할 수 있는 힘이 생긴다. 단언컨대 '말하기'는 생각을 선명하게 만드는 가장 좋은 도구다. 흐릿하던 일을 분명하게 만드는 일, 고민의 실마리를 찾는 일, 복잡한 것을 단순화하는 일까지. 이 모든 것은 스스로의 언어로 정리됐을 때 비로소 가능하다.

아무리 좋은 생각을 갖고 있다고 해도 이를 실제 내 언어로 표현해 보지 못한다면 그 생각은 아무것도 되지 못한 채 그저 흘러갈 뿐이다. 어떤 현상이나 사건을 경험하면 누구나 머릿속에 막연한 감각을 느끼게 된다. 단편적으로 떠오르는 그 감각을 자세히 바라보고 들여다보는 노력이 필요한 이유다. 자세히 바라보지 않으면 없는 것이나 마찬가지이기 때문이다.

두둥실 떠오른 감각을 포착해 내 언어로 만드는 일. 말하기는 가장 쉽게 그리고 빠르게 생각을 선명하게 만드는 도구다. 그저 말을 많이 하라는 것이 아니다. 내가 느낀 감정이 어떤 감정인지, 좋은 것이 있다면 왜 좋은지 '그냥'이라는 단어로 뭉뚱그리는 것이 아니라 날 세운 언어로 표현하려고 노력해 보라는 말이다. 조금 더 좋은 표현이 없을까 고민해 보라는 이야기다.

실제 프레젠테이션 자료를 만들 때에도 발표 경험이 있는 사람과 없는 사람이 만드는 자료는 확연한 차이를 보인다. 발표 경험이 있는 사람은 자료를 만들면서 자연스럽게 앞뒤 장표 간의 개연성을 생각한다. 이 말을 한 후 그다음에 어떤 말을 해야 할지 생각하며 전체 프레젠테이션 장표를 기획하는 것이다. 발표 경험이 있는 사람이 만드는 장표 기획은 확실히 훨씬 자연스럽고 매끄럽다. 자신의 입으로 실제 뱉어 보면서 기획하기 때문이다.

말하기는 내 생각을 정리하는 가장 좋은 도구다. 특히 상대방을 고려한 말하기는 하면 할수록 더욱 그 깊이가 깊어지고 나만의 확고한 언어가 생겨 단단해진다. 이 말은 아무리 긴장감이 가득하고 위축될 만한 상황에서도 흔들리지 않고 내 이야기를 할 수 있다는 의미이기도 하다. 천 번의 말하기 연습이라면 누구나 자신만의 흔들리지 않는 말하기를 할 수 있다.

66 말을 잘하려면 먼저
생각이 바로 서야 한다.
다른 사람 앞에서
이야기하고 싶은 내용이
내 안에서 단단하게
바로 설 때까지
기다리고 다듬어야 비로소
'진정한 말하기'가
시작될 수 있다. 99

2

누구나
무대에 설
자격이
있다

일터에서

배우고 깨달은

말가짐

딱 한 번의
성공적인 말하기 경험

❝ 나는 언제나 학생들의 가장 열렬한 관객이자
작은 이야기에도 마음이 움직이는 헤픈 청중이 됐다. ❞

누군가 살면서 가장 괴로운 시기가 언제였냐고 묻는다면 나는
주저 없이 대학교 졸업을 앞둔 취준생 시절이라 말할 것이다. 그
시기는 내 인생의 가장 어두운 암흑기였다. 늘 불안하고 초조했
다. 대학교라는 건실한 울타리를 떠나 세상이라는 정글에 덩그
러니 버려진 것 같았다. 어떤 일이 하고 싶은지 그렇게 열심히
찾아다녔으면서도 "바로 이겁니다" 하고 명석한 눈빛으로 말할
수 없는 내 자신이 미웠다.

대학생들 앞에서 강의를 하는 날이면 그때의 나를 떠올린다.
그 시절의 채자영을 만난다는 생각으로 집을 나선다. 가장 힘들
었고 가장 치열했고 그래서 가장 아름답고 예뻤던, 나는 그 시절

의 나에게 뭐라고 말하고 싶은 것일까.

2016년부터 약 3년간 KT&G 상상유니브에서 말하기 강의
를 했다. 저녁 6시 30분, 강남에 있는 회사에서 '칼퇴'를 하고 버
스를 타면 강의 시작 시간인 7시 30분 전에 아슬아슬하게 도착
할 수 있었다. 어떤 날은 구두를 신고 거리를 냅다 뛰어야만 했
다. 배고파도 한눈팔 수 없었다. 30명의 친구들이 초롱초롱한 눈
빛으로 나를 기다리고 있었기 때문이다.

말하기 수업은 보통 5주 차로 진행됐고 나는 마지막 수업을
가장 좋아했다. 마지막 수업에서는 30명의 다양한 얼굴이 빠짐
없이 앞으로 나와 자신의 이야기를 했다. 수업마다 열성적으로
눈 맞추며 고개를 끄덕이던 얼굴부터 조용히 구석에 앉아 무언
가를 써 내려가던 얼굴까지. 자신의 이야기를 타인 앞에서 해 보
는, 누군가에게는 작고 누군가에게는 큰 무대인 셈이었다.

나름 평가표도 준비하고, A4 용지를 들고 초시계를 깜빡이
며 선생인 척했지만 학생들이 이야기를 시작하면 영락없는 열
혈 관객이 됐다. 30명의 얼굴이 모두 제각각의 이야기를 했고,
그들만의 이야기에 집중하는 순간이 진심으로 즐거웠다. 아마
30명의 청중 중 가장 격하게 반응하고 과장될 정도로 고개를 끄
덕이며 눈빛을 반짝거린 사람은 나였을 것이라고 자부한다.

무대에서 말하는 것이 얼마나 어려운 일인지 매일 현장에서 느끼는 사람이자, 그 어려움을 뚫고 무대에 서서 차가운 시선과 날카로운 질문으로 평가를 받는 사람으로서 내 수업을 듣는 친구들에게는 절대 그 차가움과 날카로움을 느끼게 하고 싶지 않았다. 무대에서의 말하기도 실제 해 보니 별것 아니라고, 일상에서의 말하기와 별반 차이 없다고, 그러니 조금 더 즐겨 보라고 말해 주고 싶었다.

"꿈이 없습니다. 꿈이 없습니다. 꿈이 없습니다."

한 학생의 말하기가 시작됐고 그 친구는 강조 기법으로 똑같은 문장을 세 번 외치며 자신의 이야기를 이어 갔다. 힘주어 말하는 저 세 문장을 듣는 순간, 가슴이 쿵 하고 떨어지는 듯했다. 마치 대학생 시절의 내가 가슴속에 품고 있었지만 차마 하지 못한 말 같았기 때문이다.

어릴 때부터 "넌 꿈이 뭐니?"라는 질문을 들으면서 살아왔다. 내가 무엇을 좋아하는지, 무엇을 잘하는지조차 모르는 아주 어린 시절부터 끈질기게 이 질문과 마주했다. 사회로 나가 누군가가 보기에 든든한 직업을 가질 때까지 계속됐다. 우리는 왜, 무엇 때문에 꿈이 없다고 이렇게나 힘주어 말해야 할까. '꿈'이라는 이 아름다운 단어는 어떤 이유로 이렇게 천대를 받게 된 것일까. 이유는 명확하다. 꿈을 직업으로 치환하고 있기 때문이다. 꿈을 삶에서 이루고 싶은 것, 나아가고 싶은 방향이 아니라 하나로 딱 떨어지는 명사로 대답하길 강요받았기 때문이다.

허기진 배 따위 생각나지 않을 정도로 헛헛한 속을 채워 주는 따뜻한 이야기들이 이어졌다. '나는 나인데 누군가에게 설명해야 할 때, 그리고 그것이 조금 어긋났다고 느낄 때, 스스로의 존재를 부정하는 순간이 가장 슬프다'는 이야기와 '불가능한 꿈을 꾸는 현실주의자가 돼라'는 체 게바라의 명언을 스페인어로 말해 준 이야기가 유독 기억에 남는다.

수업의 마지막 날은 자주 웃고 종종 눈시울이 붉어졌다. 나는 언제나 학생들의 가장 열렬한 관객이자 작은 이야기에도 마음이 움직이는 헤픈 청중이 됐다. 말하기 수업의 마지막, 자신의 말하기를 평가받고 피드백받는다는 명분으로 만들어진 자리이지만 실상 내가 그들에게 주고 싶은 것은 단 한 번의 성공적인 말하기 경험이었다.

딱 한 번이면 된다. 내 말이 빈 공간을 채우고, 듣는 사람의 눈빛이 기대감에 차오르면서 입가에 미소가 번지고 고개를 끄덕이며 내 말에 동의하는 순간. 내 말이 진정으로 누군가에게 가 닿는 딱 한 번의 순간이면 된다. 누구나 이런 무대를 한 번 경험하고 나면 그다음부터는 자신의 말하기를 조금은 즐길 수 있게 될 것이라는 강력한 믿음이 있다.

학생들을 보면 대학생 시절의 내가 떠오른다. 그 시절로 돌아갈 수 있다면 조용히 다가가 어깨를 토닥이며 많이 고생했다고, 괜찮다고, 지금 아주 잘하고 있다고 말해 주고 싶은 간절한 마음이 나를 여기까지 오게 했다. 그런 마음이 거리 한복판에서 남의 눈치 보지 않고 뛰게 만들고, 마음이 헤픈 열혈 청중이 되게 만들고, 굶주린 배 따위 신경 쓰지 않는 무딘 사람으로 만든다.

누군가에게는 작고 누군가에게는 큰 무대에서의 말하기. 나는 더 많은 사람들에게 딱 한 번의 성공적인 말하기 경험을 더 많이 만들어 주고 싶다. 누구의 이야기든지 나는 열혈 관객으로 들을 준비가 돼 있다.

일과 삶의
말하기

❝ 나만의 속도로 차근차근 만든 일상에서의 생각이
일터에서도 고스란히 드러날 것이다. ❞

어릴 때부터 꿈꾸던 직업이 있었다. 대학생 시절, 숱한 방황 끝에 나는 아나운서에 도전하겠다며 매일 새벽 5시에 일어나 신촌으로 가서 공부했다. 밤낮 없는 공부와 스스로를 미워하기 직전까지의 트레이닝을 지나, 마침내 방송 무대에 설 수 있었다. 그런데 무척 혼란스러웠다. 그토록 원했던 일인데 마음은 그렇지 못했다. 나는 그동안 무엇을 원한 것인가. 마음 한구석에 풀지 못한 숙제를 안고 일터로 나갔다.

아마도 그 순간이었을 것이다. 짙은 화장을 미처 지우지 못한 채 매일같이 챙겨 입던 옷을 입고 헐레벌떡 막차에 올라탄 그때, 만원 버스 안에서 자리를 잡지 못하고 꾸벅꾸벅 고개를 떨

구며 졸고 있던 그때, 한 청년이 아주 안쓰러운 눈빛으로 나에게 자리를 양보해 준 그때. 나는 방송 일을 그만둬야겠다고 생각했다. 화려한 방송인 채자영과 아직 취준생의 티를 벗지 못한 가난한 채자영의 괴리감을 더는 견디지 못할 것 같았다.

매번 생방송이 끝나자마자 한 시간 동안 공들여 한 화장을 대충 지우고, 대여한 고급스러운 옷에 먼지가 묻지 않게 가지런히 벗어 둔 다음, 늘 입던 청바지와 후드티로 갈아입었다. 화려한 화장에 어울리지 않는 수수한 옷차림. 누가 봐도 엉성하고 이상해 보였을 것이다. 온 신경을 집중해 실수 없이 생방송을 마친 뒤 피곤한 몸을 이끌고 막차에 올라탈 때면 숨고 싶은 마음뿐이었다.

나는 아직도 스물다섯 살, 대학생 티를 벗지 못한 가난하고 세상 물정 모르는 사람일 뿐인데 그즈음 어떤 모임에 나가도 사람들은 나를 '아나운서' 혹은 '방송인'이라며 추켜세웠다. 똑같은 채자영인데 이전과 달라진 대우가 어색하고 불편했다. 그렇게 나는 도망치듯 방송 일을 그만뒀다. 그렇지만 한동안 왜 그만뒀는지에 대해 진정으로 알지 못했다. 그 이유를 깨달은 것은 내가 사랑하는 영화 〈피아니스트 세이모어의 뉴욕 소네트〉를 본 날이었다.

배우이자 이 영화의 감독이기도 한 에단 호크는 자신의 부와 명예가 스스로를 망치고 있다는 사실을 깨닫는다. 그 무렵 그는 심각한 무대 공포증으로 고통받고 있었다. '나는 왜 이 일을 하는가'라는 질문에 매달려 있던 어느 날, 우연히 아흔 살의 피아니스트 세이모어 번스타인을 만나고 그와의 대화에서 깊은 깨달음을 얻는다. 그렇게 에단 호크는 세이모어 번스타인의 삶을 영화로 만들어 감독으로 데뷔한다.

일로 이룬 성공이 삶의 성공이 될 수 있을까. 누구든 어느 시기가 되면 이 질문과 마주할 것이다. 나 역시 너무나 많은 일에 치여 있던 날 이 질문을 마주했다. 문제는 적절한 삶의 레퍼런스가 떠오르지 않는다는 것이었다. 특히 일을 잘하는 여성 리더의 모습은 어딘가 모르게 쌀쌀맞아 보이거나 남성적인 이미지라는 것도 나를 혼란스럽게 했다.

잠이 오지 않는 날이면 이 영화를 보며 잠들었다. 그러면 좋은 꿈을 꿀 것 같았다. 아흔 살의 피아니스트는 내가 태어나서 본 사람 중 가장 평화로운 얼굴로 웃고 있었다. 그 모습을 보는 것만으로도 마음이 좋았다. 저런 삶을 살고 싶다고 생각했다. 자신의 일에서 원하는 만큼의 성취를 이뤘는데도 안온한 얼굴로 살 수 있는 삶. 자신이 좋아하는 일로 타인에게 도움을 줄 수 있는 삶. 진정으로 무언가를 사랑하는 사람의 얼굴이었다. 그에게서 쌀쌀맞음은 찾아볼 수 없었다. 세이모어 번스타인은 영화에서 "음악적 자아와 개인적 자아가 내면 깊은 곳에서부터 조화"를 이루게 됐다고 말한다.

이전엔 왜 몰랐을까. 일하는 자아와 개인적 자아가 각각 존재한다는 것을. 아마도 나는 한 단계씩 나아가는 일을 통해 스스로 어떤 모습으로 성장해 가는지 보고 싶었는지도 모른다. 개인적인 자아는 아직도 미숙한데 일하는 자아만 불쑥 커 버리는 일은 견디지 못했을 것이다. 스물다섯 살의 나는 아마도 그랬을 것이다. 일하는 자아와 개인적 자아가 너무 달라 무슨 말을 하든 실수하지는 않을까 불안감에 떨어야 했으니까.

요즘은 유독 일에 대한 말을 자주 한다. 어딜 가나 내가 어떤 일을 하는지 설명해야 하는 상황이 오고, 이를 조금 더 나답게 제대로 하고 싶다는 생각을 한다. 다른 사람들도 마찬가지인 것 같다. 내 일을 어떻게 설명해야 하는지 스스로 언어를 찾아야 하는 시대가 왔다. 기존의 언어로는 설명되지 않기 때문이다. 회사나 직무로 내 일을 말하던 시대를 지나, 조금만 고개를 돌려봐도 다양한 일을 한꺼번에 하고 있는 사람들이 많아졌고, 이전에는 없었던 직업도 많아진 새로운 시대라는 것을 느낀다.

일터에서 말하기를 잘하려면 가장 먼저 그곳에서 내가 어떤 역할을 하고 있는지 명확한 언어로 설명하는 것이 필요하다. 그 어떤 것보다 일터에서의 당당한 눈빛과 표정, 태도를 만들어 줄 수 있는 신비의 묘약 같은 것이라 할 수 있다. 그 일터에 내가 있어야 할 이유, 즉 내 존재의 필요성을 스스로 먼저 알고 마음으로 느끼는 것이 중요하다. 지금 내 일터에서 내가 어떤 역할을 하는지에 대한 말은 곧 '나는 왜 이 일을 하는가'라는 질문과도 연결된다.

세상의 속도가 아닌 나만의 속도로 개인적 자아와 일하는 자아를 나답게 만들어 가고 싶다. 일로 이룬 성공이 삶의 성공이 될 수 있도록. 일의 성공과 삶의 성공의 의미를 각각 다르게 정해 이 두 가지를 만족시키며 살아가고 싶다. 그리고 이렇게 될 때야 비로소 일터에서 진정한 나를 보여 주는 제대로 된 말하기를 할 수 있을 것이다. 나만의 속도로 차근차근 만든 일상에서의 생각이 일터에서도 고스란히 드러날 것이다. 아주 촘촘하게 단단하게.

©장수인

개인적 자아와 일하는 자아가 내면 깊은 곳에서 나답게 충족되는 삶을 꿈꾼다.

이름을 짓는
진짜 이유

서울에서 한 시간을 달려 오랜만에 청주로 향했다. 청주에 있는 청년 여성들을 만나기 위해서다. 코로나19로 인해 주로 온라인 강연만 하다가 오랜만에 하게 된 오프라인 강연이었다.

현장에는 열 명 남짓한 사람들이 띄엄띄엄 앉아 있었다. 저녁 7시 강연이어서인지 다들 조금씩 지쳐 보였다. 나와 비슷한 또래이거나 혹은 나보다 어린 여성들이 대부분이었다. 무대를 익힐 겸 쨍한 조명이 설치된 무대를 휘휘 돌며 청중에게 슬며시 인사를 건넸다. 수줍게 앉아 딴청을 부리고 있던 그들은 조금 당황한 듯 내 인사를 받아 줬다. 어딘지 모르게 위축돼 보이는 느낌. 요즘 강연장에서 청년들을 만나면 비슷한 기운을 느낀다. 그게 무엇인지는 잘 모르겠지만 그 근원이 어디에서 생겨나는지는 어렴풋이 알 것 같다. 청년들에게서는 폭발하는 에너지와 동시에 그만한 불안함이 느껴진다. 그래서인지 청년이라는 단어 자체도 어딘가 모르게 활기차면서도 유약하다. 그들을 만나고 돌아가는 길에는 생각이 많아진다. 내 어린 시절이 선명하게 떠오르기 때문이다.

사람들은 주어진 이름에 충실히 살아간다. 사회 혹은 회사가 나에게 어떤 역할과 직무, 타이틀을 붙여 주기까지 열심히 기다리고 지원하고 간절히 원한다. 특히 사회에 첫발을 내딛는 순간은 나에 대한 가능성을 증명해 낼 무언가가 아직 없고 그저 상상력으로만 버텨야 하는 시기이기 때문에 타인의 인정이 더욱 필요하고 그만큼 중요하게 느껴진다. 스스로 굳게 믿고 있더라도 내 가능성 혹은 이름만으로 사회에 서기에는 주눅 들고 위축되기 마련이다. 물론 내가 모르는 내 가능성을 발견하기까지 시간이 필요하겠지만, 요즘은 이름이라는 것이 꼭 누군가가 나에게 붙여 줘야만 가질 수 있는 것인가 하는 생각이 든다.

2015년, '스토리젠터 채자영의 마음을 움직이는 이야기'라는 팟캐스트를 시작하며 나는 처음으로 스스로에게 이름을 붙였다. '스토리젠터'라는 이름이다. 이 새로운 언어로 나를 소개한 지

벌써 8년에 가까운 시간이 흘렀다. 이 이름을 처음 지을 때만 해도 이렇게 오랜 시간 사용할 것이라고는 전혀 생각하지 못했다. 당시에는 큰 뜻이 없었고 그저 방송에서 편하게 부를 애칭 같은 이름이 필요하다고 해서 지었기 때문이다. 더군다나 이름을 헷갈려 하는 사람들은 '스토리젠터'가 아닌 '스토리젠더'로 부르기도 했다(물론 아직도 이런 사태가 발생한다). 이름을 만들 때 큰 애정이 없었기 때문에 언제든 이 이름은 바뀔 수 있다는 마음이었다.

내가 처음으로 스토리젠터라는 이상한 이름에 애정을 가진 순간은 누군가 애정을 담아 불러 줬을 때였다. 한 기업에 연사로 초청돼 홍보용 포스터를 위한 프로필 사진을 보내 달라는 요청을 받았다. 인생에서 최고로 멋지게 나온 프로필 사진을 골라 보냈다. 며칠 뒤 다른 연사들과 함께 나란히 서 있는 포스터 완성본을 받았다. 다른 연사들은 대부분 'OOO 대표'라고 소개돼 있는데 내 사진 아래에만 '스토리젠터 채자영'이라고 써 있었다. 고백하자면 그때, 이 이름이 달리 보였다. '아, OOO 대표와 견줄 만큼 멋진 이름인가?' 하며 속으로 웃었다. "내가 그의 이름을 불러 주었을 때, 그는 나에게로 와서 꽃이 되었다"는 김춘수 시인의 시 〈꽃〉 속 구절이 떠올랐다.

이제 어떤 사람들은 '채자영'보다도 '스토리젠터'로 나를 기억한다. 이 이름이 나에게 준 가장 큰 선물은 사람들에게 내 생각과 태도를 한 번 더 말할 기회를 얻었다는 것이다.

"안녕하세요, 전문 프리젠터 채자영입니다"라고 나를 소개하면 사람들은 아마 발표 잘하는 사람 혹은 말을 잘하는 사람으로 생각할 것이다. 하지만 내가 하는 일이 단순히 무대에서 말하는 것만은 아니기에 '프리젠터'라는 직무가 내가 하는 모든 일을 담을 수 없다고 생각한다. 나는 기획도 하고 영업도 하고 전략도 짜고 제안서도 만들고 차별화된 아이디어도 구상하고 오프닝·클로징 멘트와 전체 플로우 기획과 헤드 타이틀 메시지 워싱과 현장 전략과 가장 마지막 단계인 발표와 질의응답까지 하는 사람인데 단순히 발표만 잘하는 사람일까? 그런 고민이 늘 따라다녔다.

"안녕하세요, 스토리젠터 채자영입니다" 하고 나를 소개하면 사람들은 한 번 더 물어본다. "스토리젠터가 뭐예요? 무슨 뜻이에요? 어떤 일을 하는 사람이죠?" 그러면 그때 내가 하는 일을 자세하게 설명하고 왜 이 이름을 지었는지 소개한다. '무대에서 발표할 때 내용을 완벽하게 전달하는 전달자가 아니라, 이 모든 것이 진짜 내 이야기가 돼야 한다'는, 이 이름을 처음 지었을 때의 마음을 전한다. 내가 하는 일의 표면적인 직무가 아닌 내가 하는 일의 철학을 말하는 그 순간이 정말 좋다. 다른 사람들에게 스스로 정한 이름으로 나를 소개하고 한 번 더 설명하는 것이 번거롭게 느껴질 수도 있지만, 오히려 나는 내가 하는 일에 호기심을 갖는 사람들에게 감사했다. 스토리젠터라고 소개하고 나면 사람들은 더욱 초롱초롱한 눈빛으로 나를 바라봤다. 내가 지난 시간 동안 해 왔던 경험과 쌓아 온 일들에 대해 더욱 궁금해했다.

언어는 생각의 집이라고 했던가. 스토리젠터라는 이름이 나에게 준 영향력이 꽤 크다. 이 이름을 쓰다 보면 자연스럽게 이야기의 중요성에 대해 계속 말하게 된다. 그러다 보니 스스로도 내 인생에서 이야기가 얼마나 중요한지 매 순간 새롭게 고민하고 깨닫는다.

우리는 누군가가 나에게 이름을 붙여 주기를 기다린다. 하지만 이제는 자신만의 창조성을 갖고 살아가는 시대인 만큼, 내가 가장 중요하게 생각하는 철학과 가치관을 담아 스스로 이름을 지을 수 있다고 생각한다. 누구나 자신의 이름을 새롭게 만들 수 있다. 거창하지 않아도 좋다. 좀 이상해도 괜찮다. 내가 그랬던 것처럼 처음에는 그 이름에 큰 애정이 없어도 좋다. 중요한 것은 그 이름의 쓸모다. 사람들이 그 이름으로 나를 불러 주기를 바라면서 계속해서 그 이름을 자발적으로 사용했으면 좋겠다. 이름의 쓸모는 누군가가 불러 줬을 때 생긴다.

나를 위한
새 이름 짓기

> ❝ 우리에게 필요한 것은 그저 내면으로 깊숙하게 들어가
> 진짜 나를 만나는 시간이었다. ❞

내가 좋아하는 일요일 오전, 서울 연남동 기록상점에 다섯 명의
사람들이 모였다. 서로 처음 보는 얼굴, 어색하게 인사를 나누고
연남동이 내려다보이는 루프탑 라운지에 둘러앉았다. 나는 사람
들이 모두 온 것을 확인하고는 시와의 '새 이름을 갖고 싶어'라
는 노래를 크게 틀었다.

갖고 싶어 새로운 이름 다르게 살아 보고 싶어

아무도 모르는 곳에서 시작하는 듯 새로운 인생

지어 줄래 새로운 이름 다른 사람이 되고 싶어

이제부터 만나는 사람은 새 이름으로 부르게 될 거야

우리는 조용히 노래를 감상했다. 흥겨운 리듬에 맞춰 나오는 잔잔한 목소리와, 시를 읽듯 귀에 쏙 박히는 가사를 음미했다. 이 노래는 새벽 5시 반에 일어나 회사로 출근하던 시절, 통근 버스 안에서 매일 듣던 노래다. 듣고 있으면 내일이라도 당장 새로운 삶이 시작될 것만 같았다. 지금의 일상은 똑같지만 이 노래만 들으면 가슴이 두근거렸다. 아침 해에 빛나는 한강을 보며 노래를 무한 반복했다. 새근새근 잠들어 있는 아기의 볼을 살포시 쓰다듬고 나온 아침은 유난히 마음이 쓸쓸하고 슬펐다. 그럴 때마다 이 노래를 들으며 새로운 삶을 꿈꿨다. 새롭게 달라질 내 미래를 그렸다.

노래가 끝나자 사람들은 내가 미리 나눠 준 쪽지에 적힌 글을 읽었다. 시와가 쓴 앨범 소개글이었다.

"내가 원하는 대로 살고 있는지, 사람들에게 보기 좋은 모습으로만 살려고 하는 건 아닌지 혼란스러울 때, 새 이름을 짓고, 지금의 나를 아무도 모르는 곳에 가서 새로 시작하고 싶었습니다. 그렇게 하면 나다운 모습으로 새로운 관계를 맺으며 살 수 있을까 생각했습니다."

우리가 모인 이유는 나를 위한 새 이름을 함께 짓기 위해서다. '이름은 꼭 하나여야 할까?' 하는 생각에서 이 프로그램을 기획했다. 내가 '채자영'과 '스토리젠터'라는 두 개의 이름으로 살아가듯, 다른 사람들도 여러 가지 이름과 정체성으로 다채롭게 세상을 살아가면 좋겠다고 생각했다. 태어날 때 부모님이 지어 준 이름도 물론 소중하지만, 나를 가장 잘 설명하는 새로운 이름이 누구에게나 애칭처럼 있으면 좋겠다는 생각을 했고 바로 행동에 옮겼다. 그리고 오늘, 다섯 명의 사람들이 모인 것이다.

한 사람은 요즘 자신이 무엇을 하고 싶은지 고민이어서 이 모임에 참여했다고 했다. 새로운 사람들과 나누는 새로운 대화에서 그 힌트를 찾고 싶다고 했다. 또 한 사람은 SNS 채널에서 글을 쓰는 작가인데 자신의 필명을 새롭게 짓고 싶다고 했다. 또 다른 사람은 새로운 사람들을 만나는 곳에 직접 가는 성격이 아닌데 일상에 일탈을 주고 싶어 왔다고 수줍게 말했다. 각자의 이유가 어떻든 우리는 아주 오래된 친구처럼 서로의 이야기를 나눴다.

먼저, 회사 밖의 나를 바라보는 시간을 가졌다. 사회적으로 주어진 소속이나 타이틀에서 잠시 벗어나 있는 그대로의 내 모습, 자연스러운 내 모습을 마주하는 시간이었다. 일터를 벗어난 내 시간은 어떻게 흘러가는지, 매일 빠르게 흘러가는 일상을 자세히 관찰하고 들여다보는 시간이기도 했다. 최근에 가장 많이 고민하는 게 무엇인지 아는 것도 내가 가고자 하는 방향에 좋은 힌트가 된다. 너무나 당연하게 내 이름 앞에 꼬리표처럼 붙어 있던 사회적 지위를 내려놓고 나를 바라보는 시간은 누구에게나 필요하다.

그다음으로 자주 사용하고 좋아하는 나만의 언어를 수집하는 시간을 가졌다. 필로스토리에서 만든 스토리 툴킷 '스토리 맵'을 활용해 자신이 좋아하는 다양한 단어 100개를 수집했다. 어떤 사람은 거침없이 100개의 단어를 써 내려갔고, 어떤 사람은 한 땀 한 땀 수를 놓듯 자신의 단어를 늘어놓았다. 상관없었다. 100개의 단어를 다 찾든 못 찾든 전혀 문제되지 않았다. 우리에게 필요한 것은 그저 내면으로 깊숙하게 들어가 진짜 나를 만나는 시간이었다. 스스로에게 가장 어울리는 이름을 짓기 위해 꼭 거쳐야 하는 단계였다. 글을 쓸 때나 말을 할 때 유난히 자주 사용하는 단어, 평소에 좋아하는 단어, '나' 하면 떠오르는 단어, 내 안에서 나를 지탱하는 단어 등 나를 표현할 수 있는 다양한 단어에 대해 생각했다.

언어란 참 신기하다. 머릿속에 두둥실 떠다니던 흐릿한 생각도 언어로 포착하면 명료해진다. 그러니까 우리는 마음속에 있는 그 무엇을 100개의 단어로 포착해 낸 것이다. 서로에게

내가 지금 어떤 시간을 통과하고 있는지 궁금할 때마다 100개의 키워드를 써 보는 시간을 갖는다.

100개의 키워드를 이야기하며 어떤 맥락이었는지, 어떤 의미였는지 설명했다. 대화를 통해 자연스럽게 단어 뒤에 숨겨진 마음을 나누고 그 단어의 제대로 된 의미를 알게 된 우리는 서로에게 더 좋은 단어를 추천해 주기도 했다.

이제 진짜 이름을 지어야 할 차례. 자, 이때 가져야 할 마음은 '내려놓기'이다. 아주 거창하고 멋진 이름을 짓고야 말겠다는 포부를 내려놓아야 한다. 중요한 것은 일단 매듭짓기. 지금 당장 마음에 들지 않더라도 포기하지 않고 끝까지 내 새로운 이름을 만들어 낼 것.

마지막으로 우리는 각자 지은 이름을 소개하는 시간을 가졌다. 일명 '선언하는 시간'이다. 스스로 지은 이름을 빈 이름표에 적고 가슴 위에 붙였다. 새 이름을 말하고 어떤 의미인지 소개하자 절로 박수가 터져 나왔다. 자신의 새 이름을 가슴 위에 붙인 우리는 어색하고 웃긴 마음에 하하하 크게 웃었다. 서로의 새 이름을 지지하고 응원하는 마음을 담은 박수 소리는 경쾌했다. 모두가 만족스러운 표정으로 자리에서 일어났다. 글을 쓴다던 작가님은 자신의 새로운 필명이 아주 마음에 든다며 바로 SNS 채널 속 이름을 바꿨다. 이렇게나 쉬운 일인 것을 그동안 왜 그리 주저했을까? 활짝 웃는 사람들을 보며 마음이 흐뭇했다.

필로스토리에서는 누구나 자신의 이야기를 발견하고 표현할 수 있도록 가이드하는 스토리 툴킷을 자체 개발하고 있다.
기록과 표현의 습관을 만들어 주는 일상의 도구부터 비즈니스 기획 도구까지. 스토리 맵도 그중 하나다.

자연스러움은
어렵다

> **"** 그들은 놀랍도록 자연스러웠다. 큰일이었다.
> 나는 힘주어 말하는 것만 배워 왔기 때문이다. **"**

나에게 주어진 모든 것을 포기하고 전문 프리젠터라는 직업을 선택했을 때, '좋은 말하기'에 대해 온종일 생각했다. 그렇게라도 하지 않으면 살아 낼 수 없을 것 같았다. 세상이 '성공'이라고 말하는 곳으로 갔지만 번번이 실패했다. 광고 PD와 아나운서는 누군가에겐 좋은 직업이었지만 정작 나는 그곳에 정착하지 못했다. 그렇게 두 번의 실패 후 선택한 삶. 이번에도 실패하면 다음은 없다고 생각했다. 다른 사람의 시선은 이제 중요하지 않았다. 도무지 스스로에게 면이 서지 않았다. 이제는 나 자신에게 내 선택은 옳다는 것을 증명해 보일 때라고 생각했다. 아니, 너무나 그렇게 하고 싶었다. 약간은 건방진 표정으로 거드름을 피우며 "거봐, 내가 맞잖아"라고 말하고 싶었다.

> 최선을 다해서 선택을 하세요. 그리고 여러분이 선택한 것이 옳
> 았다는 것을 증명해 보이셔야 합니다. 무슨 일이 있더라도 최선
> 을 다해 정당한 방법으로 증명해 보이십시오.
>
> – 진희정, 《손석희 스타일》(토네이도, 2009)

　대학생 시절, 내 꿈을 응원해 주던 존경하는 손석희 교수님
의 말을 노트 맨 앞장에 써 놓고는 매일 보며 마음을 다잡았다.
나는 틀리지 않았다. 꼭 보여 줄 것이다. 나 스스로에게, 세상에
게 내 선택이 옳았다는 것을 정당한 방법으로 증명할 것이다. 마
음속에 느낌표를 쾅쾅 찍으며 다짐했다.
　도망갈 곳은 없었다. 숨을 곳도 없었다. 노트에 쓴 문장 하나
를 부여잡고 그저 앞으로 걸어 나갔다. 말하기와 관련된 콘텐츠
라면 보고 또 봤다. 누군가의 콘텐츠를 날카로운 시선으로 평가
하는 비평가가 되기보다는 어떤 콘텐츠든 좋은 점을 발견하고
내 것으로 흡수하는 스펀지 같은 사람이 되고 싶었다. 온종일 말
좀 한다는 사람들의 이야기를 찾아다녔다. 수많은 사람들의 콘
텐츠를 보고 나서야 말 잘하는 사람들의 공통점을 찾아냈다. 그
들은 놀랍도록 자연스러웠다. 큰일이었다. 나는 힘주어 말하는

것만 배워 왔기 때문이다.

아나운서 준비생이었던 그때, 매일 새벽 6시에 버스를 타고 신촌으로 향했다. 아침 일찍부터 모여 신문을 진보지, 보수지로 나눠 두 시간씩 읽고 피드백하는 스터디를 마친 후 아나운서 아카데미로 향했다. 그곳에서 또 두 시간 동안 수업을 듣고, 저녁이 될 때까지 연습을 했다. 5개월이라는 시간 동안 한결같이 반복했다.

아나운서 아카데미에서 함께 수업을 듣던 우리는 카메라 앞에서 부산스러워 보이지 않도록 훈련했다. 카메라가 익숙하지 않은 나는 그 앞에만 서면 자세가 경직됐다. 눈알도 함부로 굴리지 못했다. 삐죽삐죽 나온 잔머리도 차가운 수돗물로 정갈하게 매만졌다. 그렇게 매번 화면 안에서 다듬어졌다. 자연스럽기보다는 보기 좋게, 편안하기보다는 정갈하게. 그렇게 오랜 시간 훈련했다. 조금의 빈틈도 없이 똘똘하고 멋지게 보이는 것을 목표로 어깨에 힘을 꽉 주고 말하기를 연습했다.

하지만 이제 달라져야 했다. 자연스러움. 나는 전문 프리젠터라는 일을 누구보다 잘해 내기 위해 자연스러움을 몸에 익혀야 했다. 지금까지 훈련했던 것들을 버려야 했다. 최선을 다해 익힌 만큼 최선을 다해 내던져야 했다. 온몸에 힘을 꽉 주고 말하는 것이 아니라 자연스럽게 내 안에서 흘러나오는 말을 해야 했다. 쉽지 않았다.

처음에는 무대 위에서 몸을 푸는 훈련부터 했다. 정갈하게 맞잡은 양손을 이리저리 마구 쓰는 연습을 했다. 일부러 제스처를 크게 하기도 하고, 중요한 포인트에서는 마치 드라마 속 주인공처럼 검지손가락을 번쩍 들어 강조하는 시늉을 했다. 다음으로는 다리. 사선으로 곧게 뻗어 길고 예쁘게 보이려는 자세를 포기하고 자유자재로 움직였다. 화면 앞으로 다가갔다가 청중에게 다가갔다가. 어색하지 않게 자리를 이동하기 위해, 마음만 앞서 스텝이 꼬이지 않게, 다리가 제 갈 길을 익힐 수 있게 연습했다. 화면 앞을 계속 서성거리기도 하고 큰 보폭으로 무대를 활보하기도 했다. 혼자 연습할 땐 마치 왈츠를 추듯 무대를 내 것인 것처럼 갖고 놀았다. 이렇게 연습해야 실전에서 조금이라도 경직된 자세를 풀 수 있었다.

하지만 제일 중요하고 어려운 관문이 남아 있었다. 바로 표정. 그동안 카메라 앞에서 어찌나 예쁜 척을 했는지 그 버릇이 쉬이 고쳐지지 않았다. 나도 모르게 생존하고자 하는 마음으로 터득한 버릇이었다. 입사 후 첫 프레젠테이션 리허설을 하고 들은 이야기 중 가장 기억에 남는 것이 "자영 씨, 계약 기간이나 금

액 관련한 부분에서는 조금 더 진중한 표정을 지으면 좋을 것 같아요"였다. 아하, 내가 이런 이야기를 할 때에도 생글생글 웃고 있었구나. 그 말을 듣고 깨달았다.

말하는 내용에 어울리는 표정을 짓기 위해서는 어떻게 해야 할까? 고민하다가 문득 원더보이즈필름에서 인턴으로 일하던 시절 만났던 베테랑 성우의 녹음 현장이 떠올랐다. 전문 성우에게 디렉션을 주는 PD님의 말이 인상 깊었다. 짧은 광고에서 명확한 언어와 뉘앙스를 전달하기 위해 각 단어별, 문장별로 어떤 느낌 혹은 감정으로 말해야 하는지 아주 구체적으로 디렉션을 줬다. 성우 분들은 이 어려운 디렉션을 받고는 마치 연기자처럼 온 마음을 다해 목소리를 냈다. 얼굴이 화면에 나오지 않음에도 그들의 표정을 보면 전문 연기자 못지않았다.

어릴 때 TV 프로그램 〈호기심 천국〉을 좋아했다. 터무니없는 호기심을 증명하는 실험을 종종 했는데, 그중 하나가 표정과 목소리의 상관관계였다. 주제는 '웃는 얼굴로 화를 낼 수 있을까?'였다. 이 주제가 너무나 어처구니없고 결과가 신박해서 아직까지 기억하고 있다. 정말 놀랍게도 사람은 웃는 얼굴로 화를 낼 수 없었다! 목소리 전문가가 녹음된 음성을 듣고 분석한 결과였다. 피실험자가 아무리 웃는 얼굴로 화를 내려고 해도 목소리는 너무나 상냥하고 친절하게 나왔다.

무대에서 자연스럽기 위해서는 무대 아래에서 끝없는 연습을 거듭해야 한다.

두 사례를 생각하며 깨달았다. 전달하려는 내용에 딱 맞는 표정을 짓기 위해서 필요한 것은 '표정을 어떻게 지을까'라는 생각 자체를 지워 버리면 된다는 것을. 전달하려는 내용 자체에 몰입하면 자연스럽게 표정을 짓게 되고, 그 표정에 따라 목소리도 바뀐다. 표정 따위 신경 쓰지 않고 내가 말하려는 내용에만 몰입하면 된다. 말만 들으면 아주 쉬워 보이지만 이 또한 무대에 선 나, 나를 바라보는 수많은 눈빛에 아랑곳하지 않고 내용에만 집중해야 한다는 점에서 훈련이 필요하다.

나는 무대에서 자연스럽기 위해 더 열심히 연습했다. 진저리가 날 때까지 연습하지 않으면 실수할까 봐 마음이 불안해 도저히 몸이 편안해질 수 없었다. 그렇게 기약 없는 리허설을 끊임없이 반복했다.

현장에서 9년, 긴 시간이 흐른 뒤에야 깨달았다. 자연스러운 모습으로 무대에 서는 것은 그만큼 무대 뒤에서 치열히 연습한 후에 가능하다는 것을. 자연스러운 본래의 모습 그대로 무대에 오르는 것 자체가 큰 용기가 필요한 일이라는 것을. 자연스러운 모습으로 멋지다는 것은 본래의 모습 자체가 멋진 사람이어야 한다는 것을 말이다.

자연스럽기가 왜 힘든지, 그게 얼마나 어려운 일인지 시간이 흘러서야 깨닫는다. 꾸미지 않아도 있는 그대로 멋진 사람이 되는 것. 말을 자연스럽게 잘한다는 것은 이렇게나 어려운 일이다.

연습만이 나를
자유롭게 하리라

> 66 불안감으로부터의 자유!
> 이것만큼 행복한 것도 없다. 99

"자영이 너는 그래도 긴장 안 하지?"

입찰 프레젠테이션 대기실, 회사에서 나보다 더 오랫동안 긴장감 넘치는 입찰 현장을 경험해 온 팀장님이 잔뜩 긴장한 얼굴로 나에게 묻는다. 허리를 바르게 세우고 최대한 당당하게 자세를 유지하려는 내 모습을 본 것일까, 아니면 그저 위로를 받고 싶은 것일까. 질문의 의도가 무엇이든 상관없다는 듯 나는 조금의 주저도 없이 소리 높여 대답한다. "팀장님! 저도 당연히 긴장하죠. 사람인데!" 참 당연한 내 대답에 우리는 마주 보며 실없이 웃는다. 그러다 금세 잔뜩 긴장한 얼굴이 되어 우리 차례를 기다린다.

중요한 무대가 다가올 때마다 거대한 불안감의 그림자가 나를 서서히 잠식한다. 이런 불안감을 제대로 관리하지 못하면 큰일이 난다. 긴장과 부담으로 인해 일상의 안녕이 심하게 침해받기 때문이다. 일단 긴장감 관리를 제대로 하지 못하면 몸이 아프다. 스트레스로 인해 전체적으로 컨디션이 나빠진다. 목이 칼칼하거나 몸이 천근만근 무겁거나. 마치 감기 걸리기 전 몸살기가 가득한 상태가 된다. 부담감 관리를 잘하지 못하면 정신이 아득하다. 마음은 조급하지만 당장 해결할 수 있는 것은 아니어서(이 부담감을 해결할 수 있는 방법은 그저 무대를 끝내는 것뿐이니까) 평소에는 가볍게 지나칠 일도 매우 예민하게 군다. 톡 건드리기만 해도 인상이 확 찌푸려지는 것이다.

긴장감과 부담감을 이겨 낼 수 있는 방법은 간단하다. 방법이 단 하나뿐이기 때문이다. 바로 연습. 할 수 있는 것은 연습밖에 없다. 잘해 내기 위해 해야 하는 일은 무대 위를 상상하며 수십, 수백 번 실제 목소리를 내고 몸을 쓰며 연습하는 것이다.

중요한 발표를 앞두고 종종 꿈을 꾼다. 한번은 무대에 올라가 노래를 불러야 하는 상황이었다. 나는 가수도 아니고 노래도 그다지 잘하지 못하는데(물론 즐기기야 한다), 심지어 알지도 못하는 노래를 불러야만 했다. 당황스러운 상황에 초조해하며 무대에서 어쩔 줄 몰라 하다가 꿈에서 깼다. 꿈의 배경이나 인물은 모두 다르지만 상황은 늘 비슷하다. 분명 무대에서 무언가를 해야 하는데 전혀 준비가 돼 있지 않은 상황. 아마도 말을 업으로 하는 사람에게 있어 최악의 상황이 아닐까 생각한다. 이런 꿈에서 깨면 벌떡 일어나 일단 각성한다. 꿈과 같은 상황은 절대 만들지 말아야겠다고 다짐하는 것이다.

어느 날 인터뷰 기사를 보다가 공감과 위로가 되어 문장 수집 노트에 적어 내려간 문장이 있다. 배우 박정민의 말이었다.

> 열심히 한다고 좋아지진 않아요. 적정 포인트에 이르러 뭘 좀 알아야 좋아지죠. 열심히 하는 건 순전히 제가 안정되기 위해서죠. 준비하지 못했다는 불안감을 없애려고요.
> – 김지수, 〈김지수의 인터스텔라〉 배우 박정민 편(조선일보, 2019년 11월 30일)

그 무대가 무엇이든 타인 앞에 홀로 서서 몸뚱이 하나로 스스로를 증명해야 하는 일. 타인의 시선을 한 몸에 받고 그 시선을 견디며 내 목소리로 무언가를 말하는 일. 어떤 무대든지 그 무대에 오르는 마음은 같으리라, 감히 생각했다.

TV 프로그램 〈생활의 달인〉을 좋아한다. 무기력하고 우울감이 밀려올 때, TV 앞에 앉아 채널을 돌리다가 우연히 이 프로그램을 보면 아이스크림을 만난 아이처럼 자세를 고쳐 앉는다. 내가 알지 못하는 세상의 다양한 직업을 뜯어보는 재미가 있어 좋고, '생활'이라는 단어에서 느껴지는 사람 냄새가 좋다. 빠르고 긴박하게 들려오는 성우의 목소리를 따라 그야말로 '생활의 달인'에 도전하는 사람이 자신의 일터에서 위풍당당한 모습으로 등장한다. "도전!"이라는 말과 함께 자신의 한계를 넘어서는 일을 카메라가 현장감 넘치게 담아낸다. 호기롭게 등장한 도전자가 성공해서 생활의 달인 배지를 받든 그렇지 못하든, 그들의 도전을 보는 일은 다양한 면에서 의미가 있다.

첫째, 그들은 자신의 일터에서 타인과 똑같은 일을 하지만 가장 잘할 수 있는 자신만의 독특한 방법을 갖고 있다. 정확함은 물론 빠른 속도까지 겸비한 그들은 누가 보지 않아도 그 일을 즐긴다. 어떤 일을 하든 자신의 일을 즐겁게 하는 사람들의 밝고 건강한 에너지를 볼 수 있다. 둘째, 일을 잘하는 사람들의 태도를 볼 수 있다. 자신의 한계에 끊임없이 도전해 얻은 능력을 무려 전 국민이 보는 방송에 나와 또 한 번 증명하는 것이다. 실패할 수도 있다는 것을 누구보다 스스로 잘 알고 있지만, 그래도 도전한다. 계속해서 한계를 뛰어넘는 과정을 보는 것만으로도 의미가 있다.

소위 '달인'이라고 불리는 사람들을 보며 한 가지 공통점을 찾아냈다. 누구든, 어떤 일이든 자신만의 '리듬감'을 갖고 있다는 것. 아, 리듬감! 달인의 비밀은 바로 이 리듬감이었다. 생활의 달인들은 몸이 습득한 자신의 리듬감 안에서 매우 자유로워 보였다.

프레젠테이션 일정이 잡히면 홀로 회의실에 들어가 몇 시간이고 연습한다. 얼마나 시간이 흘렀을까. 한순간 마음이 탁 놓이면서 '이제 됐다' 싶을 때가 온다. 한 문장을 입에서 뱉었을 때 다음 장표가 자연스럽게 연상된다. 지금 말하고 있는 이 문장이 끝나기도 전에 다음 할 말이 마음속에서 준비를 하고 있다. 말이 입에 착착 붙는다. 나만의 리듬감이 생긴 것이다. 연습이 제대로 잘됐을 때 나는 일종의 자유로움을 느낀다. 나를 서서히 잠식하던 불안감에서 드디어 해방된다. 불안감으로부터의 자유! 이것만큼 행복한 것도 없다.

연습을 통해 얻은 자유가 더욱 소중한 이유는 스스로에 대한 믿음으로부터 시작되기 때문이다. 현장에 어떤 상황이 닥쳐도 나만큼은 중심을 잡고 청중에게 안정된 모습을 보여 줘야 한다고 생각하는데, 그렇게 할 수 있겠다는 마음이 들기 시작하는 것이다. 빔 프로젝터가 고장 나서 화면이 나오지 않더라도, 청중이 나를 쏘아보더라도, 경쟁사가 화려하게 준비해 온 것을 보며 우리 팀 모두 자신감이 한없이 수그러들더라도, 나는 마치 〈생활의 달인〉에 나온 도전자처럼 위풍당당한 모습으로 우리의 이야기를 나만의 리듬감으로 멋지게 해낼 수 있을 것 같다는 마음이 드는 것이다.

긴장감과 불안감을 이겨 내는 방법은 단 하나뿐이다. 내가 스스로의 믿을 구석이 되면 된다. 홀로 연습한 시간으로 고독하게 얻은 몸의 리듬감. 수십, 수백 번 실제 내 목소리를 내면서 몸을 쓰며 연습하는 것. 연습만이 나를 자유롭게 하리라.

말하기와 체력의
상관관계

❝ 왜 말하기는 연습을 하지 않고
그저 잘하고만 싶어 할까? ❞

아이를 낳은 후 읽은 은유 작가의 책 《다가오는 말들》(어크로스,
2019)에서 "다정함은 체력에서 온다"는 문장을 발견했다. 보자마
자 멈칫했다. 다정함과 체력의 연관성은 한 번도 생각해 본 적이
없기 때문이다. 다정함은 그저 한 사람이 태어나면서부터 갖는
기질 같은 것이라 생각했다. 하지만 이제는 안다. 다정함은 분
명 체력의 영역이다. 내가 나를 돌볼 줄 아는 사람만이 다정함을
가질 수 있다. 아이에게 다정다감한 엄마가 되고 싶었지만 종종
표정이 굳어지고 화가 나고 아이의 행동을 이해할 수 없을 때도
있었다. 그때마다 마음이 힘들다고 생각했지만, 아니었다. 돌이
켜 보면 분명 마음이 아닌 몸이 지친 것이었다.

나이가 들면 들수록 인생은 체력전이라는 생각이 든다. 내가 지금까지 해 온 일들을 돌아보면 다른 사람보다 뛰어나서라기보다 튼튼한 몸과 마음으로 끈질기게 노력해서 이뤄 낸 것이 대부분이다. 고등학교 3년 동안 체육부장을 도맡고 친구들 사이에서 '힘자영'으로 불리던 나는 체력 하나는 자신 있었다. 체력장을 할 때나 쓰는 줄 알았던 근력과 지구력은 실제 일을 하는 데도 큰 도움이 됐다.

말을 잘하는 일에도 분명 체력이 필요하다. 특히 두 가지 이유에서 그렇다. 첫째, 타인의 말이나 표정 혹은 냉혹한 평가에도 흔들리지 않고 내 생각을 말할 수 있는 단단함을 갖기 위해서다. 생각의 단단함을 위해 표면적으로 떠오른 생각 너머 그 뒤편까지 기어코 가 보는 습관을 갖는 것이다. 이는 마치 우리가 달을 볼 때 빛이 반사돼 보이는 부분만 생각하는 것이 아니라 그늘진 달의 뒤편까지 생각하는 일과 같다. 나에게 찾아온 이 생각에 어떤 맥락이 있는지, 이런 생각이 왜 떠올랐는지 근원적인 이유를 찾아내는 과정이다.

생각의 뒤편으로 가 보는 일에는 시간과 노력이 필요하다. 솔직히 꽤 귀찮다. 둥둥 떠오르는 생각의 시작점으로 단번에 갈 수 있는 사람은 없기 때문이다. 무조건적인 의지와 노력이 있어야 가능하다. 그렇지만 이 일에는 그만한 힘이 있다. 내 생각 혹은 지금의 가치관을 갖게 된 과정과 결과를 스스로의 힘으로 발견하는 일, 나만의 고유한 사고 체계를 찾는 일이자 내 생각의 정당성을 발견하는 일이기에 스스로에 대한 신뢰, 이를 바탕으로 한 단단한 마음을 가질 수 있다. 결국 '왜'라고 끈질기게 물어야 한다는 점에서, 내 안에서 터져 나온 이야기의 고유성을 찾는다는 점에서 철학적이다.

둘째, 말하기는 연습과 훈련이 필요한 기술의 영역이기 때문이다. 말은 몸이 하는 일이다. 태어나면서부터 갖고 있던 천재성이 아니라 누구나 훈련을 통해서 터득할 수 있는 '기술'이라는 말이다. 몸을 쓰는 일들을 생각해 보자. 달리기, 수영, 글씨 쓰기까지 모두 훈련을 통해 할 수 있는 일이다. 긴 시간 동안 실패해도 다시 일어서서 시도해 보는 힘이 실력을 높인다. 그런데 왜 말하기는 연습을 하지 않고 그저 잘하고만 싶어 할까? 왜 말을 조금만 못해도 나는 말하기에 소질이 없다며 말하기의 세계를 저 멀리 두려고 할까? 말하기에도 분명 몸이 터득할 만한 연습의 시간이 필요하다.

"자영 씨도 연습하나요?"

사람들이 자주 묻는다. 너무나 당연한 질문에 눈을 동그랗게

뜨고는 의연한 목소리로 "당연하죠!"라고 대답하면 또 묻는다. "그럼 (연습을) 얼마나 하시나요?" 연습에서 중요한 것은 시간의 총량이 아니라 시간의 질이다. 연습 시간 동안 내가 얼마나 집중해서 연습을 하는지가 중요하다. 나는 그런 질문을 받을 때마다 '실전처럼' 연습해 보라고 조언한다.

'상상 연습'이라는 것이 있다. 소설《갈매기의 꿈》에서 조나단이 했던 것처럼 머릿속으로 계속해서 시뮬레이션해 보는 것이다. 실전처럼 연습한다는 것은 실제 무대와 같은 환경에서 연습하라는 의미라기보다 실전과 같은 마음과 태도로 연습하라는 의미이다. 눈앞에 청중이 있다고 생각하고 무대에 올라가는 걸음걸음에 자신감을 담는 것. 준비한 내용을 타인 앞에서 멋지게 보여 주는 자리라고 생각하는 것. 인사 한마디, 눈빛 하나에도 에너지를 듬뿍 담아 여유롭게 해내는 것. 실전과 같은 마음과 태도로 연습한다는 건 이런 것이다.

물론 초보자라면 연습 시간의 총량도 절대적으로 필요하다. 처음 전문 프리젠터의 일을 시작한 시기를 떠올려 보면 연습 시간을 따로 두는 것이 우스울 정도로 매 순간 틈만 나면 연습했다. 그러다가 일이 조금 익숙해졌을 즈음 실전처럼 열 번, 실전처럼 다섯 번… 그 횟수는 줄고 연습의 질은 올라갔다. 공부가 엉덩이를 진득하게 붙이고 앉아 집중하는 일이라면, 말하기 연습은 수없이 엉덩이를 들썩이며 긴장감을 지닌 상태로 몸의 에너지를 쓰는 일이다.

내가 다정함과 체력의 상관관계를 한 번도 생각해 보지 않았듯 많은 사람들이 말하기와 체력의 관계를 연결 짓지 못한다. 하지만 지난 9년간 무대에 꾸준히 서 온 나는 알고 있다. 말하기는 분명하게 체력의 영역이다. 말이란 생각을 몸으로 내뱉는 일, 몸이 하는 일이기 때문이다.

진짜 말하기의
시작

❝ 말과 함께 보여지는 진정성 있는 태도.
어쩌면 이것이 화려한 말보다 더 중요할지도 모르겠다. ❞

말하는 것의 진짜 시작은 어디일까. 내가 말을 하는 순간이 정말 말하기의 시작일까 고민한다. 말하기 위해서 입을 뻥긋 열기 시작한 순간이 말하기의 시작일까, 아니면 말하기 위해 타인의 눈을 바라보는 순간일까, 무대에 오른 순간일까, 무대에 오르려고 막 문을 열어 청중이 있는 공간에 들어선 순간일까. 마치 끝없는 돌림노래 같은 이 고민.

짧은 시간에 우리가 누군지 제대로 보여 주고 다른 사람의 마음을 얻어야 하는 세계에서 말하기의 시작은 단순히 무대에 서서 말을 꺼내는 순간이 아니다. 진짜 말하기는 아주 멀리 있더라도 서로의 존재를 인지하고 볼 수 있는 혹은 보일 수 있는 곳에서부터 시작된다.

　나는 늘 말을 하는 화자의 입장이었다. 누군가에게 말을 건네는 것이 내 역할이었다. 그러던 내가 처음으로 완전한 청자의 위치에서 말을 듣는 경험을 한 순간이 있었다. 한 프레젠테이션 경진 대회의 심사위원으로 참석한 나는 그동안 무대에 서는 사람으로서 했던 경험과는 다른, 듣는 사람의 마음을 이해하는 경험을 했다. 그때 느낀 화자에서 청자로 전환되는 감각을 잊을 수 없다. 말하는 사람의 입장이었을 때는 보이지 않던 것들이 보이기 시작한 것이다.

　심사위원 자리에 앉아 있으니 무대에 선 사람들의 아주 작은 행동 하나까지 다 보인다는 것을 알게 됐다. 무대로 올라오는 사소한 걸음걸이가 그 사람이 지금 어떤 마음인지 보여 줬다. 누군가의 걸음은 당찼고 누군가의 걸음은 위축됐다. 무대 위뿐이랴, 무대 아래에서 대기하는 모습도 아주 잘 보였다. 긴장해서 손을 만지작거리고 입을 쭈뼛거리는 사람이 있는가 하면, 누군가는 어깨를 한껏 들어 올려 한숨을 크게 쉬었다. 어떤 사람은 무대 아래에서도 반짝이는 눈으로 청중을 바라보고 있었다. 사소한 행동, 그 차이가 무대에 올라오기 전까지의 시간을 말해 줬다.

　프레젠테이션은 지루한 기다림을 마치고 대기실에서 나와 심사위원이 있는 장소로 이동하는 것에서부터 시작된다. 약 100m 정도 되는 그 짧은 복도를, 팀원들과 한마음으로 어깨를 나란히 하고 당당하게 걷는 순간이 참 좋다. 초조한 긴장의 시간을 지나 서로를 단단하게 믿고 의지한 채 우리를 보여 주러 가는 기대감과 긴장감이 적절히 얼버무려진 상태, 나는 그 순간을 사랑한다. 아무 말도 하지 않지만 우리의 기세氣勢를 다지는 짧고도 중요한 순간이다.

현장에는 그곳에 있는 사람들만 느끼는 공기와 분위기가 있다. 그 공간에 들어선 사람들의 에너지가 이를 만든다고 생각한다. 어떤 눈빛으로 그곳에 들어섰는지, 어떤 걸음걸이로 청중에게 다가갔는지, 어떤 표정으로 얼마나 주저함 없이 준비를 마쳤는지, 얼마나 간절하게 이 자리를 준비했는지 태도로 보여 주는 시간이다. 눈에 보이지 않지만 한 공간에 있는 사람들은 이런 에너지를 함께 느끼고 공유한다. 그리고 이 느낌과 감각은 실제 평가에도 많은 영향을 끼친다.

누군가의 마음을 움직이는 것은 현란한 말만으로는 절대 성공할 수 없다. 말과 함께 보여지는 진정성 있는 태도. 어쩌면 이것이 화려한 말보다 더 중요할지도 모르겠다. 말이라는 것을 단순히 입을 통해 나오는 음성이라고 생각하면 안 되는 이유다.

긴장감을 없애는
세 가지 주문

❝ 스스로를 믿는 마음이 단단한 사람은
무대에서도 빛이 난다. **❞**

"우리가 누군지 보여 주고 와야지."

잘해 내야 한다는 부담감보다 잘해 내고 싶다는 의욕에 찬 희망감. 나는 늘 이것에 대해 생각한다. 물론 완벽한 준비 혹은 잘하고 있다는 과정에서의 만족감이 없다면 가질 수 없는 마음이다.

입찰 현장을 한 번이라도 경험한 사람이라면 누구나 알 것이다. 그 현장이 얼마나 치열하고 긴장감 넘치는 곳인지. 한 치의 양보도 없는 팽팽한 살얼음판에서 9년이라는 시간 동안 어떻게 버텨 냈는지, 이 현장을 아는 사람들은 종종 묻는다.

무대에서의 무게감을 어떻게 내려놓을 수 있는지 많은 사람

2장 누구나 무대에 설 자격이 있다 127

들이 궁금해한다. 개구리 올챙이 적 생각 못한다고, 나는 내가 원래 무대를 즐기는 사람이라고 생각했다. 하지만 무대도 무대 나름 아닌가. 이렇게나 긴장감 넘치는 현장을 매번 즐거운 마음으로 받아들일 순 없다. 몸도 마음도 지치니까. 실제로《실전 프레젠테이션 이야기》책을 쓰며 돌아본 지난 9년간의 과정 속에서 늘 어깨에 돌덩이를 하나 올려놓은 것 같고, 잠을 제대로 자지 못하고, 프레젠테이션 전날에는 아무것도 하지 못한 채 그저 연습으로 불안함을 지우던 나를 발견했다. 나에게도 분명 그런 시절이 있었다. 지금은 일주일에 몇 번이고 프레젠테이션을 위풍당당하게 척척 해내지만, 나 역시 프레젠테이션 하나만 잡혀도 일주일 전부터 연습에 연습을 거듭하며 모든 삶의 초점이 무대로 가 있는 시간들을 통과했다. 물론 그 시간은 분명 나에게 큰 힘이 됐다.

나는 긴장감을 내려놓으려고 노력할 때마다 주문을 걸었다. 그 세 가지 주문을 공개한다.

첫 번째는 "제발 청중과 제가 '대화'할 수 있게 해 주세요"이다. 누구를 향하는지 모르겠지만 두 손을 꼭 모으고 하늘을 향해 빈다. 주문의 방점은 '대화'에 있다. 이 단어를 말할 때는 힘을 꽉 주고 내뱉어야 한다. '청중을 완벽하게 설득할 거야'라든가

'청중을 꼭 내 편으로 만들 거야'라는 무시무시한 포부를 갖고 무대에 올라가면 그만큼 무시무시한 긴장감이 나를 짓누른다.

'설득'이라는 단어는 기획할 때나 자료를 만들 때 쓰자. 진짜 말하기를 해야 할 순간에는 설득이라는 단어는 지우고, 우리가 갖고 있는 이야기를 제대로 보여 주고 오겠다고 생각하면 좋다. 심사위원들을 그저 우리의 확신을 들으러 온 사람들이라고 생각하고, 지금 무대에 올라가는 것은 프레젠테이션을 위해서가 아니라 청중과의 대화를 위해서라고 스스로에게 계속 주문을 거는 것이다. 그럼 대화하는 것처럼 조금 더 자연스럽게 이야기를 시작할 용기를 얻게 된다.

두 번째는 "이거 망한다고 죽기야 하겠냐, 배 째라!"이다. 주문이라기보다 선언에 가깝다. 프레젠테이션을 망쳤을 경우, 최악의 상황을 상상해 보는 것이다. 무대에서 조금 실수했을지언정, 화면이 잘 안 나왔을지언정 나는 살아 있을 것이다. 이 한 번의 실패로 나라는 사람이 사라지지 않을 것이다. 그러니 다음번에 더 잘하면 된다. 물론 정말 열심히 준비했다면 걱정하는 그런 일은 일어나지 않을 것이다.

하지만 인생이란 마음처럼 되지 않는 법. 사람이면 누구나 실수를 한다. 나 역시 고객사의 이름이 헷갈려 전혀 다른 이름을 뱉은 적이 있다. 아주 뻔뻔하게 행동해 들은 사람들이 긴가민가

할 정도로 빠르게 넘어갔지만 절대 해서는 안 되는 실수였다. 나와 함께 프레젠테이션을 한 수많은 리더들 역시 버벅대며 말을 제대로 하지 못한 아쉬운 순간들이 있다. 그런 날에는 프레젠테이션을 마치고 나와 시원한 맥주를 마시며 아쉬움을 달랜다. 소설《위대한 개츠비》의 작가 F. 스콧 피츠제럴드는 "한 번의 실패와 영원한 실패를 혼동하지 말라"라는 말을 했다. 한 번의 실수로 죽지 않는다. 우리에겐 다음이 있다. 그러니 괜찮다.

마지막 주문은 좀 멋지다. 최선을 다해 준비한 사람만이 할 수 있는 주문이기 때문이다. 바로 처음에 쓴 문장, "우리가 누군지 보여 주고 와야지"이다. 그동안 얼마나 열심히 준비했는지, 얼마나 멋진 것들을 쌓아 왔는지 보여 주겠다는 당찬 포부다. 처음에는 걱정이 가득하다가도 청중에게 보여 줄 것들을 만들어 가다 보면 '빨리 무대 위에 서고 싶다'는 생각이 절로 든다. 잘해 내야 한다는 부담감에 매몰되는 것이 아니라 이를 뛰어넘어 진심으로 무대를 즐기고 싶은 마음이 든다.

무대에 올라가면 모두가 숨을 죽이고 내 프레젠테이션에 집중한다. 이야기가 시작되고 그동안 준비한 내용을 단 한 번의 주저함도 없이 확신에 찬 어조로 전할 때의 쾌감이란 쉽사리 잊히지 않는다. 이 경험은 몸과 머릿속에 선명하게 각인된다.

우리는 그 누구보다도 스스로를 냉혹한 시선으로 평가한다. 하지만 말하기를 할 때는 내가 나를 믿어야 한다. 스스로를 믿는 마음이 단단한 사람은 무대에서도 빛이 난다. 그러니 열심히 준비하고 있는 내 자신에게 "괜찮아, 잘하고 있어" 하고 칭찬을 좀 해 주면 좋겠다. 준비한 만큼 무대에서 잘해 내고 싶을 땐 위의 세 가지 주문 중 입맛에 맞는 주문을 외워 보기를 바란다. 긴장감이 턱밑까지 차오르는 순간에는 분명 효과가 있다.

하나의 이야기를 만든다는 건
하나의 세계를 만든다는 것

❝ 내가 말로 하는 모든 창작은 곧
하나의 이야기를 짓는 일이다. **❞**

나는 늘 치열한 말의 현장에서 온몸으로 부딪히며 말하기 기술을 익혔다. 좋은 말하기란 어떤 것인지 사람들의 살아 있는 눈빛과 반응을 통해 깨달았지만, 어느 날 이 모든 것을 하나로 엮어줄 말하기 이론을 공부하고 싶다는 생각이 간절해졌다. 그 당시나는 다양한 사람을 만나는 만큼 다양한 기준으로 흔들리고 있었다. 누군가는 이것이 좋다고 했고, 누군가는 저것이 좋다고 했다. 상황과 맥락에 따라 내가 취해야 할 말하기 태도도 바뀌었다. 그렇게 타인의 기준과 시선에 무참히 흔들리는 나 자신을 붙잡고 싶었는지도 모른다. 지난 시간 현장에서 익힌 감각적으로 옳다고 느끼는 말하기를 이제는 명확한 언어로 포착해 더 이상 흔들리지 않을 나만의 말하기 뿌리를 잡고 싶었다. 그러던 찰나 만난 학문이 바로 수사학이었다. 말의 스킬이 아닌 말의 본질을 고민하고 공부하는 학문. 나는 수사학을 통해 말하기의 본질에 대한 생각을 차츰 키워 나갈 수 있었다.

2017년, 한국수사학회 추계 학술대회에서 서울대학교 인문학연구원 김헌 교수님의 발표를 들으며 교수님을 직접 찾아뵈야겠다고 굳게 다짐했다. 교수님은 '아리스토텔레스의 시학 속에서 수사학은 어떻게 작동하는가?'라는 주제의 발표에서 이런 문장을 이야기했다.

> 그런데 시 짓기의 성패를 좌우하는 것은 형식적인 음악적 언어의 구조물이 아니라, 그 안에 깃드는 이야기다. 이야기가 시를 살아 숨 쉬게 하며 그 힘을 발휘하게 하는 생명psukhe(또는 영혼)이고, 시인이 기술을 통해 이루려고 겨냥하는 목적telos이며, 시 짓기의 출발점arkhe이고 시 짓기의 모든 것을 끌고 가는 원리이다.
>
> – 김헌, 〈아리스토텔레스의 시학 속에서 수사학은 어떻게 작동하는가?〉(2017년 추계 한국수사학회·한국해석학회·철학문화연구소 공동 학술대회, 2017)

교수님의 발표 주제는 내가 말의 현장에서 고민하던 것과 정확하게 맞닿아 있었다. 말하기도 결국 형식적인 스킬이 아니라 그 안에 깃드는 이야기가 진짜라고 생각했기 때문이다. 내가 찾은 말하기의 본질은 '이야기'였다. 말의 토대가 되는 생각, 그것을 하나의 주제에 맞게 구성한 이야기. 교수님의 말은 나에게 '이성적인 영역이라고 말하는 비즈니스 현장에서 어떻게 감성적인 이야기의 힘이 작동하는가?'로 들렸다. 이성적으로 전략을 수립하는 비즈니스 현장에서 사람의 마음을 움직이는 이야기를 기획하는 것. 교수님과 대화를 나눈다면 내가 그토록 궁금해하는 이야기의 실체를 만날 수 있겠다는 생각이 들었다.

교수님을 만나 어떤 말하기 현장에서 어떤 역할을 하고 있는지 나를 소개했다. 이어 표면적으로 화려한 말을 하는 공허함을 채우고자 한국수사학회를 찾아가게 된 계기와 누군가를 설득해야 하는 비즈니스 현장에서 내가 느낀 이야기의 중요성을 말했다. 비록 짧은 시간이었지만 교수님과 이야기를 나누며 앞으로 내가 나아가야 할 길이 조금씩 선명해지고 있다는 것을 느꼈다.

"시인은 세상에 널려 있는 모든 것에 의미를 부여하는 사람입니다. 곧 '세상이 세상이게 하는 것'이죠."

나는 작은 노트를 꺼내 양해를 구하고 교수님의 말을 적기 시작했다. 교수님의 언어는 나에게 그 자체로 하나의 시처럼 느껴졌다. 프레젠테이션을 하는 매 순간 생각했다. 그 어떤 말하기 스킬보다도 상대방을 생각하는 마음, 그 진심이 모든 것을 뛰어넘을 수 있다고. 교수님은 그 부분에 대해 명확하게 말했다. 내 진정한 역할은 내가 설득해야 하는 상대방의 '잠재력'이 무엇인지 진심으로 고민하는 일이라고 했다. 단순히 기존에 있던 것들을 과장하거나 테크닉으로 승부하는 상업적 목적이 아니라, 진정으로 그들이 할 수 있는 것이 무엇인지 미래를 함께 고민해야 한다는 말이었다. 그리고 이 고민과 마음이 내가 하는 이야기의 토대가 될 수 있을 것이라 했다.

그리스 로마 신화의 경우, 한 국가가 국가이기 위해(혹은 왕이 왕이기 위한 정당성을 위해) 만들어진 신화는 비록 거짓이지만 그 이상의 의미를 지닌다. '하나의 잘 만들어진 이야기'는 '그 인물이 어떤 사람이 되어야 하는지 보여 주는 것'이다. 그 이야기를 만든 작가는 자신이 생각한 가장 이상적인 국가의 모습 혹은 가장 이상적인 영웅(왕)의 모습을 꿈꾸고 이야기를 만들어 낸다. 하나의 이야기를 만든다는 것은, 기존에 갖고 있던 축적된 데이터를 바탕으로 한 실질적인 '가능성'과 작가가 꿈꾼 '잠재력'의 만남이라고 할 수 있다.

사람들이 그 이야기를 읽고 "그래, 왕은 당연히 이래야지" 혹은 "그래, 국가란 이런 모습이어야 해"라고 생각할 수 있는 옳은 방향성을 제시하는 것. 그러니까 이야기는 곧 그 사람 혹은 어떤 사안의 정체성을 부여해 주는 것이다.

　한 기업의 브랜드 스토리를 생각해 보자. 잘 짜여진 스토리는 작가적 창의성이 발휘된 이야기일지라도 기업의 미래와 연결된다. 그 이야기 자체가 기업이 어떤 방향으로 나아가야 하는지 보여 주기 때문이다. 대통령 선거는 어떠한가. 대통령 후보자는 자신의 5년 계획을 '이야기'한다. 이것은 한 편의 시나리오이다. 하지만 개연성 있게 짜여진 진정성 있는 이야기는 사람들의 '선택'을 받게 되고, 이 선택을 받은 대통령 후보자가 진정성 있는 '행동'을 하게 되면 사람들은 '동참'한다. 단순히 하나의 시나리오에 불과했던 이야기는 비로소 실체가 있는 현실이 된다.

　기업에서 하는 제안 프레젠테이션 역시 마찬가지이다. 매 프로젝트마다 각각의 고객사를 위한 새로운 이야기를 만들어 낸다. 고객사가 원하는 모습, 가고자 하는 방향, 무엇인지 잘 모르겠지만 마음속에 품고 있는 모습을 제안서와 프레젠테이션을 통해 하나의 잘 짜여진 시나리오로 만들어야 한다. 그리고 고객사에게 '선택'을 받으면 이 이야기는 실체가 되는 것이다.

　교수님과의 이런 대화를 통해 그동안 중요하다고 생각만 하던 이야기의 힘이 무엇인지 정확하게 알 수 있었다. 지금 내가 비즈니스 현장에서 하는 이 일이 단순히 현란한 말하기가 아니라는 것을, 누군가의 잠재력과 가능성을 먼저 발견하고 그 미래를 함께 상상하는 일이라는 것을 깨닫는 시간이었다.

"하나의 이야기를 만들어 낸다는 건, 하나의 세계를 만들어 낸다는 것이죠."

교수님은 지금 내가 하는 것이 곧 수사학이라고 했다. 그러니 굳이 이론을 공부하려 하지 말고 현장에서 내가 하는 창작에 대해 치열하게 고민해 보라고 조언했다. 그때그때 주어지는 대상에 대한 철저한 분석과 그간의 경험을 통해 얻은 통찰력, 그리고 나만의 상상력을 통해 그들이 진정 갖고 싶어 하는 것을 만들어 내라고 했다. 그리고 대화의 막바지에 이런 말을 덧붙였다.

"자영 씨는 지금, 자영 씨만의 '시^{poem}'를 짓고 있는 거예요."

비즈니스 현장에서 내가 말로 하는 모든 창작은 곧 하나의 이야기를 짓는 일이다. 작은 사물의 혹은 한 인물의, 한 브랜드의 이야기를 만드는 일은 그것이 어떤 의미인지 세상에 말하는 일이자 정체성을 언어화하는 일이다. 그러니 한 편의 이야기를 만들 때 허투루 할 수 없다. 지금은 현실이 아닌 이야기일지라도 누군가의 끄덕임과 선택을 받게 되면 진짜 현실이 될 수 있으니까. 비록 거짓말로 시작될지라도, 좋은 이야기는 실체가 될 수 있다는 믿음으로 나는 오늘도 현장에서 다양한 이야기를 만들고 말을 한다.

나 스스로를 설득해야
누군가를 설득할 수 있다

> 66 결국 '인간다움'이
> 사람의 마음을 흔든다. 99

"왜 OO사가 우리를 선택해야 할까?"
"글쎄요. 그럴 이유가 전혀 없을 거 같은데요."

　처음 이 프로젝트를 시작할 때 OO사가 우리를 선택해야 하는 이유는 단 한 가지도 없어 보였다. 그 회사는 우리와 앞다퉈 경쟁하는 자회사를 보유하고 있었고, 제공하는 서비스를 보니 참 괜찮았다. 회의실에 모인 우리는 말은 하지 않았지만 '하기 싫음! 절대로 하기 싫음!'이라는 간절한 마음이 표정에서 드러났다. 이번 프로젝트는 정말 승산이 없어 보였다.

　하지만 해야 했다. 그것도 아주 열심히. 앞뒤 상황 다 제쳐

두고 경영진이 꼭 성공해 내고 싶은 프로젝트 중 하나였기 때문이다. 지난 경험을 통해 얻은 결과 예측이나 주변 의견은 중요하지 않았다. 우리는 결과를 생각하지 않고 그저 이 과정에서 최선을 다해야만 했다. 아니, 우리가 그동안 보여 줬던 모습 중 가장 최고의 모습을 만들어 내야만 했다. 그렇게 해도 승산이 있을까 말까 한 상황이었다.

프로젝트 시작 후 우리는 더 이상 서로에게 "OO사가 우리를 선택할까?"와 같은 질문은 던지지 않았다. 이 질문은 유령 같은 존재가 됐다. 섣불리 결과를 예측하지도 않았다. 그저 과정에 충실하기로 했다. 모든 역량을 총동원해 수집할 수 있는 정보를 최대한 많이 모아야 했다. 우리가 설득할 청중의 진짜 속마음을 알기 위해서. 겉으로 드러나지 않는 미충족 욕구^{Unmet needs}를 발견하고 이에 대한 진짜 해결책을 제공하기 위해서.

우리의 이야기를 전할 상대방의 상황을 깊이 들여다보는 것만큼 중요하게 해야 하는 일이 있다. 바로 지금의 우리를 바라보는 것이다. '우리는 무엇을 할 수 있는 조직인가' '우리는 어떤 마음으로 일하고 있는가' '우리에게 가장 중요한 가치는 무엇인가' '왜 우리는 이런 프로세스로 일하고 있는가' '이런 철학과 태도가 결국 고객에게 어떤 서비스로 다가가는가'와 같은 질문을 던져 보는 것이다. 이런 질문을 통해 경쟁사와 비슷한 서비스를 제공하고 있을지라도 다른 포인트로 우리를 설명할 수 있어야 한다. 태도나 철학 등 정량적으로 측정되지 않는 정성적인 부분에 대한 언어로 말이다. 실제 누군가의 마음을 흔드는 영역은 숫자로 증명되는 정량적인 면이 아닌 철학이나 가치, 태도적인 면이다. 아주 날카로운 시선으로 평가한다고 해도 마지막 한 끗, 그러니까 결국 '인간다움'이 사람의 마음을 흔든다.

설득의 말하기나 프레젠테이션은 결국 상대방이 듣고 싶어 하는 말과 우리가 하고 싶은 말 사이의 간극을 채우는 일이다. 상대방이 듣고 싶어 하는 말이 무엇인지 명확하게 찾아내는 것만큼 우리가 하고 싶은 말, 꼭 해야만 하는 말이 무엇인지 알아내는 일이 중요하다. 그래야 그 사이의 연결고리를 찾아 간극을 채울 수 있다. 어느 한쪽이 부실하면 전체적으로 내용에 힘이 빠진다. 상대방이 듣고 싶어 하는 이야기에만 집중하다 보면 우리가 보여 줘야 하는 우리만의 고유성이나 차별성이 잘 드러나지 않아 결국 경쟁사와 비슷한 이야기만 하게 될 것이다. 우리가 하고 싶은 이야기에만 집중하다 보면 듣는 사람의 입장에서 왜 우리를 택해야 하는지 설득력이 떨어질 것이다.

우리는 활자 그대로 '야근을 밥 먹듯이' 했다. 너무 큰 프로젝트이다 보니 어디로 가야 할지 방향이 명확하게 잡히지 않았던 탓이 컸다. 누구 하나 섣불리 '우리 여기로 가자!' 혹은 '이런 방향으로 가야 해!'라고 소리 높여 말하지 못했다. 소리 높여 말한 만큼의 책임을 져야 하기 때문이다. 그래서 늘 그렇듯 마감일이 닥쳐서야 불현듯 아이디어가 샘솟았다. 제안서를 만들고 프레젠테이션을 준비하는 내내 우리의 머릿속에는 항상 이 질문이 있었다. '왜 OO사가 우리를 선택해야 할까?' 처음엔 도저히 답이 없었는데 서서히 하나둘 떠오르기 시작했다. '그래도 우리가 이런 거 하나는 잘하지 않아?' '우리가 이것만큼은 좀 괜찮은 거 같은데' '기존 고객사에게 이런 칭찬도 들었잖아' 등 약간의 자아도취에 빠져 우리가 잘하는 것들을 하나둘 떠올렸다. 그렇게 마지막 퍼즐을 맞춰 완성한 제안서는 아주 괜찮아 보였다. 업계 전문가라고 불리는 사람들이 모여 매일 밤을 새우고 고민한 노력이 고스란히 담긴 결과물이었으니까.

정말 웃기고 재미있다. 시작할 때만 해도 승산이 없어 보였던 프로젝트에 이제는 다들 희망을 갖기 시작했다. 승리의 기운이 드디어 우리에게 온 것이다. 터무니없을지라도 우리만의 논리와 가설을 세우고, '우리가 아니면 도대체 누구를 선택한단 말인가' 하는 생각의 플로우를 펼치는 것. 제안서를 만들고 프레젠테이션을 준비하는 과정은 이 플로우를 촘촘하게 짜는 과정이다. 처음에는 "글쎄요" 혹은 "그럴 이유가 없어 보여요"라고 대답했지만 이제는 서로를 보며 "왠지 우리가 될 수도 있을 것 같지 않아?" 혹은 "느낌이 나쁘지만은 않아"라는 말을 했다. 이제 우리에게 지난 경험을 통해 얻은 결과 예측이나 주변의 의견은 정말이지 중요하지 않았다. 모두가 안 될 것이라고 얘기해도 더 이상 들리지 않았다. 우리는 진심으로 '우리가 선택받아야 하는 이유'에 설득당했기 때문이다. 우리가 만든 논리를 스스로 완벽하게 믿고 있다는 뜻이기도 했다.

누군가의 마음을 흔드는 일. 누군가를 설득하는 일의 본질이 어쩌면 이와 같다는 생각을 한다. 내가 가진 마음의 확신이 상대방에게 스며드는 일. 그 믿음의 힘이 고스란히 전달되는 일. 일단 스스로가 납득되고 설득돼야 하는 것이다. 나조차 설득하지 못한다면 도대체 누구를 설득할 수 있단 말인가? 그러니 스스로를 설득했다면 일단 그것만으로도 많은 것을 해낸 것이다. 나 스스로를 설득해야 누군가를 설득할 수 있다.

실패를 두려워하지
않는 마음

❝ 어쩌면 말하기를 잘하는 사람은
실패에도 주저앉지 않고 끊임없이 문을 두드리는 사람. ❞

우리 집의 작고 소중한 존재인 짠이는 태어난 지 만 2년이 되지도 않았는데 벌써 다양한 말을 한다. 엄마, 아빠, 할머니, 할아버지, 나무, 물과 같은 단어는 물론이고 이제는 두 개의 단어를 이어서 말하기 시작했다. "엄마, 코" 하면서 내 코를 만지고 "아가, 코" 하면서 자신의 작고 귀여운 코를 만지작거린다. 길지 않은 시간, 아기를 낳고 키우며 이전에는 몰랐던 다양한 감각을 경험하고 느낀다. 짧은 시간 안에 이렇게 큰 우주를 안겨 주는 존재가 있다는 것이 경이롭기도 하고, 한편으로는 그 시간을 모두 감각하고 기억하며 따라가기가 버겁기도 하다. 아기는 너무 빠르게 성장하기 때문이다. 특히 아기가 처음 걷기 시작한 순간을 떠올리면 큰 위로를 받는다.

아기의 첫걸음마, 그 순간이 아직도 생생하다. 한 발자국 뗄
때마다 쓰러질 것처럼 아슬아슬한데 얼굴엔 장난기가 가득했다.
이미 이리저리 넘어져 얼굴에 작게 멍이 든 곳도 있는데 아기는
그 실패를 금세 잊은 듯했다. 아니, 실패라는 단어 자체를 모르
는 것 같았다. 넘어지면 그저 다시 일어섰다. 넘어지고 또 넘어
져도 웃으면서 그 동작을 반복했다. 그게 마치 당연하다는 듯이.
그러더니 어느 순간, 비틀거리며 걷는 것에 성공했다. 나는 그런
아기를 보며 새삼 '아, 넘어지면 그저 일어나면 되는구나' 하고
생각했다.

강남역과 역삼역 사이, 일하는 사람들을 위한 라운지 FYI
For Your Information라는 공간이 있다. 각자의 직업에 영감을 불어넣
는 공간을 위해 커피부터 디저트 그리고 다채로운 테마로 일하
는 사람들이 즐길 수 있는 경험을 만들어 가고 있는 공간이다.
나는 'vol.4 worker'라는 테마 전시에 작가로 참여했다. '일하는
사람이 일하는 사람에게 보내는 편지'를 주제로 일터에서의 고
민을 서면으로 받고, 그 길을 먼저 걷고 있는 사람이 그에 대한
답을 손 편지로 전달하는 내용이었다. 일하는 사람들의 고민이
쉽게 쓰여지고 지워지길 바라는 의미에서 만들어진 기획이라고

했다.

누군가의 고민이 담긴 편지지 한 장이 집으로 도착했다. 그 사람의 고민은 이러했다. "협력사와 일하면서 제 설명이 전달되지 않을 때가 많았어요. 이로 인해 커뮤니케이션에 오해가 생기기도 했는데, 그때마다 '내가 그렇게 말을 못하나?'란 자괴감이 듭니다." 짧은 문장이었다. 하지만 그 마음이 무엇인지 왠지 알 것 같았다. 그리고 비슷한 상황을 겪었을 주변 사람들의 얼굴이 떠올랐다.

해 주고 싶은 말은 딱 두 가지였다. 괜찮다. 그리고 절대 주저앉지 말고 말하기를 잘하고 싶다는 마음을 포기하지 말아 달라. 말하기를 잘하고 싶다는 마음이란 내 진심을 타인에게 전하고 싶다는 마음 그리고 진심은 전달될 수 있다는 믿음이다. 인간의 언어는 불완전하다. 그러니 내가 갖고 있는 마음을 온전히 상대방에게 전달하기란 원래 어려운 일이다. 하지만 그런 상황에서도 믿음과 희망의 끈을 놓지 않고 내 생각과 언어를 더욱 선명하게 만들어 가려는 노력이야말로 완벽하게 똑같지는 않더라도 내 머릿속에 있는 것과 비슷한 모양으로 마음을 전달할 수 있게 만든다.

말하기는 아무리 준비를 많이 했다고 하더라도 실패할 확률이 50%다. 나 혼자 만들어 가는 것이 아니기 때문이다. 말하기에는 분명 듣는 사람이 있고, 그래서 듣는 사람의 마음가짐이나 상태에 따라 말하기의 전체 성공률이 결정된다. 좋은 말하기는 절대 혼자서 이뤄 낼 수 없다. 여기에는 꼭 좋은 경청자가 필요하다. 내가 아무리 진심을 다해 좋은 태도로 말을 전했다 하더라도 상대방이 제대로 들을 준비가 돼 있지 않다면 아무 소용이 없다. 내 말은 그저 흘러갈 뿐이다.

이름 모를 누군가의 고민을 듣고는 우리 집 아기가 떠올랐다. 실패라는 단어를 무색하게 만들어 버리는 아기의 첫걸음, 그 순간의 이야기를 전해 주고 싶었다. 어쩌면 말하기를 잘하는 사람은 실패에도 주저앉지 않고 끊임없이 문을 두드리는 사람이라는 생각이 들었기 때문이다.

사람들은 내가 많은 실패를 경험했다는 사실을 잘 모른다. 나는 별별 종류의 실패를 다 겪어 봤다. 지난 9년 동안 계속해서 말하기를 해 왔으니 실패를 겪어 보지 않은 것이 이상할 테다. 열심히 말하고 있는데 자리를 박차고 나가는 무례한 사람은 물론이고 일부러 떠들며 방해하는 사람, 조는 사람, 관심 없는 표정으로 바라보는 사람, 아예 쳐다보지도 않는 사람, 일부러 나를 당황시키려고 어려운 질문을 던지는 사람… 말하자면 끝이 없다. 하지만 나에게는 다음의 말하기가 있기에 나는 실패한 후에 그 말하기가 왜 실패했는지 스스로에게 끈질기게 묻곤 했다. 그렇지 않으면 실패의 우울함에 모든 감정이 매몰돼 버리기 때문이다.

그 질문의 끝에 스스로에게 이렇게 말했다. 괜찮다. 나는 최선을 다했으니까. 내 진심을 전하려는 노력을 게을리한 적이 없으니까. 만약 이번에 잘 전해지지 않았다 하더라도 다음번엔 분명 내 이야기를 잘 받아들일 수 있는 사람이 나타날 것이다. 그때를 위해 내 안에 있는 이야기를 더 진실되게 보여 줄 수 있는 방법을 고민해 보자고 다짐했다.

어른이 되고 나서 실패에 대한 두려움이 너무 커져 버렸다. 한 번의 실패라도 창피하고 부끄럽다. 한 번의 실패가 인생의 실패처럼 깊게 각인되는 것 같다. 그럴 때마다 나는 우리 아기를 생각한다. 그러면 곧 '사람이 걷다가 넘어질 수도 있지. 그저 툭툭 털고 일어나서 다시 걸으면 되지' 하는 마음이 든다. 계속 시도한다면 분명 어제보다 더 나은 내일을 마주할 테니까.

모든 것의 끝은
말하기다

❝ 내가 경험한 그 어떤 일도 타인에게
담담하게 말할 수 있을 때 끝이 났음을 실감한다. ❞

나에겐 아주 제멋대로인, 그래서 멋진 '강주원'이라는 친구가 있
다. 2016년 1월, 페이스북 메시지를 통해 나를 인터뷰하고 싶다
는 연락을 받았다. 주원이 보낸 메시지였다. 자신은 현재 생존을
위해 비정규직으로 일하고 있고, 청년이 청년다운 세상을 꿈꾸
는 청년문화기획단체 '꿈톡'이라는 모임을 만들어 가고 있다고
했다. 생존을 위한 일을 부업으로, 돈이 되지 않는 꿈톡 일을 주
업으로 소개한 것이 꽤나 비장해 보였다.

　자신과 편하게 두 시간 동안 이야기를 나누면 된다고 해 정
말 편안한 마음으로 카페로 나갔다. 도착하니 주원은 먼저 와 있
었다. 인사를 한 뒤 자신은 이미 음료를 주문했으니 음료를 먹고

싶다면 직접 주문하라고 했다. 조금 웃겼다. 돈 한 푼 받지 않고 인터뷰를 하러 나갔으니 예의상 커피라도 한 잔 대접할 줄 알았는데 예상이 틀렸다. 2016년에 보낸 메시지를 다시 보니 분명 '커피 타임'을 하자고 본인이 먼저 말했는데. 이때부터 강주원은 제멋대로였다.

주문한 커피가 나오고 우리는 대화를 시작했다. 내가 말할 때마다 주원은 자신과 너무 비슷하다며 맞장구를 쳤다. 어찌나 잘 치던지 신이 나서 거의 세 시간 넘게 내 안에 있는 이야기를 마구 꺼냈다. 그리고 일주일 뒤 '페친으로 세계일주'라는 콘텐츠에 내 인터뷰가 담겼다.

얼마 뒤, 주원에게 다시 연락이 왔다. 광복절을 맞이해 '청년 광복 페스티벌'을 준비하고 있는데 내가 연사로 서 줬으면 좋겠다는 말을 했다. 나는 또 흔쾌히 좋다고 했다. 주원과 함께했던 대화의 즐거움이 떠올랐기 때문이다. 이번에도 유쾌하고 즐겁게 내 이야기를 할 수 있을 것 같았다.

페스티벌에는 여덟 명의 연사가 무대에 오를 예정이었다. 주원과 처음 만났던 그 카페에서 여덟 명의 사람들이 인사를 나누고 기획회의를 했다. 그야말로 자신만의 길을 가고 있는 사람들이었다. '청춘 상담소 좀 놀아본 언니들'을 운영하고 있는 재열,

배우의 길을 가고 있는 원빈, 아이디어 디렉터로 활동하는 다비, 마케터 경민과 만화가 김스까지. 그들의 이야기를 들으니 이 무대에서는 내가 늘 하던 이야기를 해서는 안 된다는 생각이 들었다. 기획회의를 마치고 집으로 돌아가는 길, 그동안 해 보지 않은 이야기를 하자고 마음속으로 외쳤다.

그동안 한 번도 하지 않은 이야기. 나는 어린 시절 이야기를 하기로 했다. 어릴 때부터 봤던 부모님의 다툼과 갈등, 중학교 때 겪은 부모님의 이혼. 그렇다, 나는 이혼 가정의 자녀다. 누군가 보기엔 비정상적인 가족의 모습일 수도 있지만 한 가지는 확실하게 말할 수 있다. 엄마와 아빠가 헤어지고 경제적으로는 매우 힘들었지만 분명 그전보다 더 행복했다는 것이다. 페스티벌에는 왠지 주원처럼 제멋대로 살아가는 다양한 친구들이 찾아올 것 같았다. 그중에는 나와 같은 상황을 겪는 친구들도 있지 않을까 싶었다. 그래서 그 자리에서만큼은 내 어린 시절 이야기를 하고 싶었다.

시간이 흘러 최종 리허설 날이 다가왔다. 우리는 아지트라는 단어가 어울릴 법한 어둑한 공간에 모였다. 서로가 서로의 청중이 되기로 한 날이었다. 각자에게 주어진 시간은 15분. 다른 사람들의 강연이 너무 좋아 두 손을 꼭 붙잡고 들었다. 내 차례가 됐고, 나는 아무런 부담 없이 무대로 올라갔다. 무대에 서는 일은 늘 하는 일이니까 전혀 문제가 없었다. 그런데 이번에도 내 예상은 보기 좋게 빗나갔다.

7분쯤 지났을까. 기분이 이상했다. 직전에 들은 감동적인 강연 때문인지, 아니면 공개적으로는 처음 꺼낸 어린 시절 이야기 때문인지 마음이 울렁거리고 눈앞이 아득해져 더 이상 말을 이어 갈 수 없는 지경에 이르렀다. 나는 울먹이고 있었다. 울음이 목까지 차올라 말을 내뱉을 수 없었다. 태어나 처음 겪는 일이었다. '명색이 전문 프리젠터가 프로페셔널하지 못하게 무대에서 울먹이다니. 그것도 청중을 눈앞에 두고!'라는 생각이 머리끝까지 차올랐다. 그날 나는 그런 모습으로 강연을 마무리했다. 이건 내 일인데, 내가 겪은 일인데 마치 자신의 일인 듯 동그란 눈으로 날 바라보며 고개를 끄덕이는 청중의 모습에 내 마음이 동요한 것이 분명했다.

집으로 돌아가는 길 내내 속상했다. 수많은 청중과 함께할 진짜 무대도 걱정이었다. 더 멋지게, 프로다운 모습으로 했어야 한다는 마음이 나를 괴롭게 했다. 그런데 생각해 보니 그 무대에서 눈물을 보인 것은 나뿐만이 아니었다. 자신의 이야기를 처음으로 대중 앞에서 꺼내는 재열도, 다비도, 김스도 약간의 울먹임을 갖고 무대를 내려왔다. 문득 인생에 프로가 어디 있겠냐는 생각이 들었다. 한 번 사는 인생, 누구나 인생은 처음이고 서툴기 마련이니 자신의 삶을 이야기하는 순간만큼은 멋지게 말하는 것보다 그 순간 내가 어떤 마음으로 어떻게 그 과정을 지나왔는지 진심을 전하는 것이 중요하다는 생각이 들었다. 회사에서는 전문적으로 프레젠테이션을 하는 프로이지만 내 삶을 보여 주는 이 무대에서만큼은 프로페셔널하려는 마음을 내려놓자고 다짐했다. 그래도 걱정이었다.

내 이야기를 되새기고 되새기고 또 되새겼다. 만나는 사람마다 이런 이야기를 할 거라며 떠벌리고 다녔다. 며칠 후 8월 15일, 동대문 DDP에 1,000명 남짓한 사람들이 모였다. 이렇게 큰 공간을 빌리다니. 역시 주원은 닥칠 일은 생각도 하지 않은 채 제멋대로 막 나가는 친구였다. 나는 그런 주원 덕에 인생에서 가장 큰 강연 무대를 만난 셈이었다.

시인 릴케는 "쓰는 것은 모든 것의 끝"이라고 말했다. 하지만 모름지기 모든 것의 진짜 끝은 말하기다. 내가 경험한 그 어떤 일도 타인에게 담담하게 말할 수 있을 때 끝이 났음을 실감한다. 차분하고 평온하게 말하는 순간, 과거에 일어났던 사건과 내가 이미 분리됐다는 것을 깨닫는다. 8월 15일, 나는 드디어 내 과거와 진짜 이별을 했다. 강연을 마치고 받은 사진 속의 나는 환하게 웃고 있었다. 앞으로 더 많이 내 상처를 말하고 실패를 나누자고 마음속으로 생각한 밤이었다.

내 말이 진정으로
가닿았을 때의 책임감

> 내가 하려는 말이 나오는 전혀 다른 상대방에게
> 어떻게 작용하고 반응할지 아는 것이 중요하다.

강의를 자주 한다. 말하기에 대한 강의뿐만 아니라 브랜딩, 스토리 창작, 그리고 동기 부여까지. 연령대에 따라 전하고 싶은 이야기가 달라진다. 특히 대학생 친구들을 대상으로 강의할 때면 직업을 어떻게 찾아야 하는지 아주 열심히 말하고 온다. 물론 그 사례는 당연 나 한 사람이다. 대학생 시절 얼마나 많이 방황했는지, 그 무모한 방황을 통해 얼마나 빛나는 경험을 할 수 있었는지, 내가 사랑하는 직업을 어떻게 얻게 됐는지에 대해 이야기한다.

이런 말을 꺼내면 강의를 시작할 때 느꼈던 대학생 특유의 맑고 싱그러운 분위기는 온데간데없이 한순간에 공기가 무거워진다. 왜냐하면 우리는 지금, 서로의 인생에 대한 이야기를 하고 있기 때문이다. 내 삶을 짓누르는 무게, 내가 가진 가장 풀리지 않는 질문, 앞으로 어떻게 살아갈 것인가에 대한 이야기를 나누기 때문이다. 분위기는 무겁지만 학생들의 눈빛은 그 어느 때보다 날카롭게 빛난다.

나는 어느 순간부터 이런 이야기를 하는 나를 내심 뿌듯하게 여겼다. 실제로 강의를 들은 많은 친구들이 강의 후 이메일과 문자, 인스타그램 디엠을 통해 연락을 줬다. 우리의 만남은 짧고, 여전히 풀리지 않는 기나긴 숙제는 계속 안고 있으니까. 길고 긴 그들의 사연을 읽을 때면 마음이 뭉클해졌다. 나는 내가 매우 잘하고 있다고 느꼈다. 할 수 있는 한 더 많이, 더 자주 방황의 필요성에 대해, 하고 싶은 것을 품고 포기하지 않는 마음에 대해 말해야겠다고 생각했다.

그런데 이런 나를 한순간에 바꿔 놓은 사건이 일어났다. 그날은 KT&G 상상유니브의 '스피치 앤 스토리' 5주 차 강연이 끝나는 날이었다. 수강생들과 여느 때와 다름없이 건너편 허름한 치킨집에 나란히 앉아 그동안 하지 못한 이야기를 나눴다. 시끄럽고 와자지껄한 분위기를 즐기고 있을 때, 한 학생이 슬그머니 내 옆으로 다가왔다.

"선생님, 저는 연기를 너무 하고 싶은데 집안의 반대가 정말 심했거든요. 그런데 드디어 어제, 가족에게 제가 하고 싶은 걸 꼭 도전해 보고 싶다고 말했어요. 다 선생님 덕분이에요."

그 말을 듣는 순간 뒤통수를 한 대 세게 맞은 듯했다. 정말이다. 그동안 내가 갖고 있던 모든 환상이 일순간 깨졌다. 도대체 내가 무슨 짓을 한 거지? 한 사람의 인생에 어떤 짓을 한 걸까? 갑자기 무서워졌다. 이 학생의 인생을 책임져야 할 것 같은 막강한 두려움을 느꼈다. "나는 네 인생을 책임져 줄 수 없어"라는 말이 목 끝까지 차올랐지만 차마 하지 못했다. 집으로 돌아가는 길 내내 마음이 불편했다. 내가 과연 이런 이야기를 하는 것이 맞는가 하는 의구심에 빠졌다. 내 말로 인해 더 힘든 인생을 살게 되지 않을까. 어느 순간 내 강의를 들은 것을 후회하지 않을까. 태산 같은 걱정이 꼬리에 꼬리를 물고 찾아와 떠나지 않았다. 늦은 밤, 친구들 중 가장 제멋대로 살아가고 있는 주원에게 전화를 걸었다.

"주원아, 내가 지금 무슨 짓을 한 건지 모르겠어."

주원은 강연을 하고 강연의 자리를 만든다. 실제로 꿈톡에는 많은 청년이 찾아와 자신의 인생에 대한 걱정을 서슴없이 풀어놓는다. 별별 이야기가 다 나온다. 주원이 제멋대로 사는 만큼, 제멋대로 살아가고 싶은 친구들이 찾아오기 때문이다. 주원은 어떻게 이 무게감을 이겨 낼까. 자신이 뱉은 말이 어떤 파장으로 돌아올지 누구보다 잘 알지 않을까. 꿈톡을 찾아오는 수백 명의 사람들의 인생을 책임질 수 있을까. 꿈톡을 계속하는 이유는 뭘까. 당황스러운 목소리로 전화를 건 나에게 주원은 사뭇 진지하면서도 허심탄회하게 말했다.

"우리가 그 사람들의 인생을 모두 책임져 줄 순 없어. 다만 우리의 역할은 그들의 이야기를 들어 주는 것뿐이야. 거기까지가 우리 역할이야. 자영이 너 때문에 그 학생의 인생이 변했다고 생각하지 마. 네가 아니었어도 아마 언젠가는 그 이야기를 가족에게 했을 거야. 다만 그 계기가 필요했고 그 타이밍에 널 만난 것뿐이야."

마음이 놓였다. 이 말이 맞다. 백번 맞다. 내 역할은 딱 거기까지다. 나 때문에 한 사람의 인생이 바뀌었다고 생각하는 것도 큰 오만이었다. 내가 누군가의 인생을 책임져야겠다는 생각을 한 것 역시.

나는 여전히 강의를 한다. 여전히 그때 했던 것과 비슷한 이야기를 한다. 나는 단 한 번뿐인 인생을 살고 있고, 내 경험은 단하나이기 때문이다. 하지만 태도는 바뀌었다. 더 이상 이런 이야기를 하며 뿌듯해하지 않는다. 내 이야기가 누군가에게 영향을 미친다는 것을 마냥 기뻐하지 않는다. 이제는 그 말의 무게감을 알기 때문이다. 내 말이 누군가에게 진정으로 가닿았을 때의 책임감을 아주 조금은 안다. 내가 지금 무슨 말을 하고 있는지 아는 것이 중요하다. 내가 하려는 말이 나와는 전혀 다른 상대방에게 어떻게 작용하고 반응할지 아는 것이 중요하다. 그저 아는 것만으로도 많은 것이 바뀔 수 있으니까.

" 실제 누군가의 마음을
흔드는 영역은
숫자로 증명되는
정량적인 면이 아닌
철학이나 가치,
태도적인 면이다.
아주 날카로운 시선으로
평가한다고 해도
마지막 한 끗, 그러니까 결국
'인간다움'이
사람의 마음을 흔든다. "

3

경청하는
세계에는
힘이
있다

올바른

관계를 위한

말가짐

말하기
자존감

" 제대로 된 대화가 성립되려면 자신의 생각과 이야기를
스스로 존중할 줄 아는 두 사람이 필요하다. "

사람과 사람의 관계가 건강하게 성립되려면 두 사람이 온전하게 바로 서 있어야 한다. 한 사람이 상대방에게 비정상적으로 기대 있다거나, 함께하는 사람은 안중에도 없고 이기적인 자기애를 갖고 있다면 둘 사이의 건강한 관계는 성립되기 힘들다. 비단 연인만의 문제는 아니다. 모든 인간관계가 그렇다. 그리고 말 역시 마찬가지이다. 누군가와 자신의 이야기를 나누는 말하기야말로 타인과 관계 맺는 가장 기본적인 행위이다. 그러니 제대로 된 대화가 성립되려면 자신의 생각과 이야기를 스스로 존중할 줄 아는 두 사람이 필요하다.

길거리를 다니거나 카페에 앉아 있다 보면 의도치 않게 타인

의 음성이 귀에 들어올 때가 있다. 특히 완장을 찬 듯 으스대며 험악한 말을 내뱉는 사람들의 목소리를 들을 때면 많은 생각이 든다. 그런 사람들의 목소리는 대부분 아주 강경한 어조다. 겉으로 '나는 강하다!'라고 외쳐 대는 것 같지만 나는 알고 있다. 단단한 사람은 굳이 겉으로 '나는 단단하다!'라고 외치지 않는다는 것을. 그 사람의 슬로건이 곧 그 사람의 콤플렉스라는 말이 있는 것처럼 말이다.

말에도 자존감이 있다. 자존감은 말 그대로 자기 스스로를 존중하고 사랑하는 마음이다. 자신이 끝내주게 잘하는 것뿐만 아니라 스스로의 한계에 대해서도 생각하는 태도이자 스스로 가치 있는 존재라는 것을 아는 것이다. 인생의 파도를 만났을 때, 내 능력과 한계를 이해하고 어떻게 헤쳐 나아가야 하는지 스스로를 믿고 일련의 성취를 이뤄 내는 자기 확신이다. 존중이라는 것은 타인으로부터 받기 전에 스스로에게 보내는 것이다. 자신을 존중하지 않는 사람은 다른 사람을 존중하는 방법 역시 잘 모를 것이다.

자존감을 지닌 사람은 외부 환경이 아무리 변화해도 흔들리지 않는다. 이 단단함은 외부에서 온 것이 아니라 내 안에서, 스스로 만들어 낸 것이기 때문이다. 바로 이 부분이 말하기에도 많은 영향을 미친다.

사람은 누구나 실수를 한다. 잘 몰라서 혹은 서툴러서, 인생은 누구에게나 처음이기에 실수를 할 수 있다. 실수를 잘 안 하는 사람은 있어도 전혀 하지 않는 사람은 없다. 누구나 실수를 통해 성장하고 조금 더 나은 자신으로 나아간다. 자존감이 잘 형성된 사람은 이런 실수에 대한 타인의 비판을 긍정적으로 받아들인다. 자신의 잘못을 인정하고 용서할 줄 안다. 그리고 다시는 같은 실수를 반복하지 않으려고 노력한다. 이런 태도가 그 사람을 성장시킨다. 타인의 말에 빗대어 스스로를 돌아보는 동시에 순간의 실수를 저지른 자신의 모습을 확대 해석하지도 않는다. 영화 〈어벤져스 : 엔드게임〉에 나오는 블랙 위도우의 대사처럼 많은 사람들이 "한 번의 실수로 그 사람을 판단하지 않는다"는 것을 알고 있다.

자존감이 잘 형성된 사람은 타인의 말을 긍정적으로 받아들일 준비가 돼 있다. 누군가의 피드백에 적극적이다. 이는 곧 내가 지니고 있는 능력을 객관적으로 바라보고 마주할 준비가 돼 있다는 의미이기도 하다. 이런 태도가 가능한 이유는 스스로에 대한 확신과 믿음이 있기에 외부에서 어떤 말(영향)이 들려와도 나에게 필요한 것인지 아닌지를 현명하게 판단할 수 있기 때문이다. 그래서 자신에게 굳이 필요 없는 말이라고 느끼면 과감하게 버릴 줄 안다.

반대로 자존감이 약한 사람은 타인의 말과 시선에 갇혀 자신을 바라본다. 평생을 '칭찬받으려고 애쓰는 아이의 삶'과 같은 태도로 일관하는 것이다. 자신이 무엇을 하고 싶은지, 무엇을 원하는지는 바라보지 않고 타인의 말을 기준으로 행동한다. 있는 그대로의 나를 바라보는 것이 아니라 외부의 평가에 의존할 수밖에 없다. 외부가 흔들리면 본인도 함께 흔들리기 시작한다. 특히 자존감이 극도로 낮은 사람은 타인과의 비교를 통해 스스로를 가까스로 높이려는 열등감을 지닌 경우가 많다. 나는 그 어떤 사람보다도 열등감 있는 사람을 무서워한다. 이런 사람들은 자신보다 뛰어나거나 능력 있는 사람들을 이유 없이 미워하거나, 타인의 불행에서 위로를 얻기도 한다. 정말이지 슬픈 일이다.

　　대화를 나눌 때에도 자존감이 있는 사람과 없는 사람의 차이는 극명하다. 자존감이 단단한 사람은 다른 사람의 반대 의견이나 시선에 아랑곳하지 않고 자신이 옳다고 생각하는 가치를 차분하고 담담하게 이야기할 줄 안다. 말하기가 단단하다는 것은 그만큼 내 안에 어떤 생각이 쌓여 있는지 스스로 알고 있다는 의미이자 자신의 내면에 대한 확신이 있다는 의미이다. 하지만 자존감이 없는 사람은 그저 타인의 동의를 얻기 위해 대화에 참여한다. 그렇기에 맥락 없이, 영혼 없이 공허한 말이 오고 간다.

자존감은 자신의 한계를 바라보고 이를 극복하기 위해 노력하는 과정에서 탄생한다.

자신의 이야기가 얼마나 소중한지 모르는 사람은 타인의 이야기가 얼마나 소중한지 그 가치를 가늠하지 못한다. 자신의 말을 타인의 동의를 얻기 위한 도구로만 사용하기를 주저하지 않는 사람은 타인의 말 역시 그저 열등감을 해소할 도구로 이용하는 것을 주저하지 않는다.

자신의 언어를 존중한다는 것은 바로 그런 것이다. 자신의 언어를 존중하고 소중히 여길 줄 아는 사람은 자연스럽게 타인의 생각과 말이 얼마나 소중한지 알고 있다. 이 앎은 딱 자신을 소중히 여기는 만큼일 것이다. "진심으로 자기를 아끼고 사랑할 줄 아는 사람만이 비로소 남을 사랑하고 이롭게 할 수 있다"는 도산 안창호 선생의 애기애타愛己愛他와도 같은 맥락이다. 내 말이, 이야기가 소중한 줄 아는 사람이야말로 타인의 말을 진정으로 들을 준비가 돼 있는 것이라고 믿는 이유이다.

기다림의
미학

❝ 생각이 여물고 여물어 기다렸다는 듯
막 터져 나오는 말에는 그만큼의 묵직한 힘이 있다. **❞**

한국수사학회 교수님들과 도란도란 모여 이야기를 나누곤 했다. 한 분야를 누구보다 깊이 연구하고 고민한 분들과 나누는 대화는 즐겁다. 물론 자신의 분야에만 갇혀 있지 않고 열린 마음으로 타인의 이야기를 듣는 태도를 지닌 사람과의 대화일 때 말이다. 한국수사학회 교수님들은 말을 잘하는 것뿐만 아니라 좋은 경청자이기도 했다. 누군가의 말이 그 자리에서 단순하게 끝나 버리는 것이 아니라 그 말의 꼬리를 물고 다른 이야기가 나오고, 또 그 이야기에 새로운 이야기가 덧붙여졌다. 우리의 대화 속에서 평소의 생각들이 만나 작은 빅뱅을 만들어 냈다. 그렇게 새로운 가설이 탄생하면 누가 먼저랄 것 없이 아주 즐거운 마음으로 그에 대한 근거와 경험을 줄줄이 얘기했다. 무언가에 푹 빠져 즐겁게 이야기하는 사람을 보고 있자면 왠지 모르게 마음이 흐뭇해진다. 말하는 모습을 그저 바라보고만 있어도 좋다. 한 사람의 애정하는 마음, 그 마음이 뿜어내는 좋은 기운이 말을 하고 있는 사람의 주변을 자연스레 감싸기 때문이다. 포근하고 살가운 그 기운을 좋아한다.

교수님들과의 대화는 언제나 좋은 흐름을 유지했다. 그 일등 공신은 바로 경청의 힘이다. 경청의 힘은 곧 말의 힘이기도 하다. 누군가를 설득하는 무대에서도 경청은 힘을 발휘한다. 보통 내가 무대에 서면 심사위원들은 비언어적인 표현으로 계속 말을 한다. 인상을 찌푸리거나 고개를 끄덕이거나 빛나는 눈빛으로 나를 바라보거나 미세하게 입꼬리를 올리거나 어떤 경우에는 감탄사를 내뱉기도 한다. 이 모든 것이 그들이 나에게 보내는 말이다. 나는 발표자로서 무대에서 말을 하지만, 눈과 귀는 끊임없이 그들의 말을 듣는다. 나에게 보내는 말과 메시지를 빠르게 읽고 그것을 다시 내 말에 반영한다. 그렇게 하면 서로의 관계가 어그러지지 않는 좋은 흐름을 유지할 수 있다.

한 번의 프레젠테이션을 하기 전, 우리는 많은 가설을 만들고 이를 전략적인 메시지로 풀어 나간다. 우리만의 가설을 만들고 전략을 세우기 위해 가장 중요한 것은 우리의 이야기를 들을 사람들을 분석하는 일이다. 그 사람이 갖고 있는 생각을 읽는 것이 전략의 주요 키포인트다. 하지만 아무리 열심히 청중의 정보를 수집했다고 하더라도 우리의 가설이나 전략이 틀릴 수 있다. 이런 가능성을 열어 두는 것 또한 하나의 전략이다. 현장에서 빠르게 청중이 원하는 방향으로 전략을 수정하는 것이다. 이렇게 하려면 그만큼 민감하게 청중의 말을 경청해야 한다. 그들이 보내는 작은 메시지를 볼 줄 아는 사람만이 진짜 현장에 있는 사람들의 마음을 움직일 수 있다.

경청의 힘은 기다림의 미학으로 완성된다. 어떤 사람은 질문이나 생각에 용수철처럼 빠르게 반응하는가 하면(내가 그렇다), 어떤 사람은 충분히 생각한 후에 말을 내뱉기도 한다(내 남편이 그렇다). 지금의 남편인 듀와 연애를 하던 시절, 나와는 다른 말하기 템포를 가진 사람과의 대화 덕분에 많은 훈련이 됐다. 자고로 연애라는 것은 티격태격하면서 서로의 마음을 어루만져 주는 것이 아니던가. 나는 듀에게 늘 빠르게 무언가를 말했고 그는 침묵했다. 정말 답답했다. 내 말에 동의하는 것인지 아닌지조차 알 수 없었다. 언젠가 침묵을 견디다 못해 "도대체 내 말에왜 대답하지 않느냐"고 반문하니 그는 조용하고 나직한 목소리로 말했다. 지금 생각하고 있으니 조금만 기다려 달라고(물론 이것도 1분 정도 후에 내뱉은 말이다). 시원하게 쏘아붙일 준비를 하고 있었는데 그 말을 들으니 왠지 모르게 풍선의 바람이 휘 빠지듯 조급한 마음이 사라졌다. 우리의 관계를 빠르게 다잡고 울고불고 얼싸안고 다시 사랑한다고 말하는 그런 불같은 연애는 아니었을지언정 나는 그에게 느긋하게 기다리는 법을 배웠다. 무려 6년의 시간 동안.

많은 사람들이 모인 자리에서 주목을 받고 발언권을 갖는 것이 하나의 권력이라 믿었던 시절이 있었다. 하지만 이제 안다. 묵묵하게 타인의 이야기를 경청하다가 딱 필요한 순간, 꼭 필요한 말을 뱉는 사람이 하는 말의 힘을. 소리 높여 말하지 않아도 그 목소리는 빛이 난다. 이제 안다. 목소리를 높이는 것이 아니라 침묵이 곧 권력이라는 것을. 말을 하지 않고 기다릴 줄 아는 사람만이 가질 수 있는 '신중함'이라는 무기가 무엇보다 강하다는 것을. 생각이 여물고 여물어 기다렸다는 듯 막 터져 나오는 말에는 그만큼의 묵직한 힘이 있다. 기다림의 미학으로 만들어진 말 속에는 타인의 이야기를 기꺼이 수용하고 받아들인 경청의 힘이 담겨 있기 때문이다.

이야기의 시작이 누구든 상관없다. 좋은 말 그리고 좋은 대화가 되기 위해서는 좋은 흐름이 필요하다. 좋은 흐름을 위해서는 말하는 이와 듣는 이가 서로를 향한 경청의 자세를 가져야만 한다. 말은 단순히 입으로 뱉는 것만이 아니다. 우리가 나누는 비언어적인 메시지, 그 모든 것이 대화 속 많은 것들을 만들어 간다. 그저 들어 주는 것 혹은 무조건적으로 동의하는 것이 경청은 아니다. 누군가의 말을 듣고 그 말이 내 생각의 시작이 돼서 좋은 방향으로 흘러갈 수 있게 만드는 것. 상대방의 말을 제대로 이해하고 그 생각을 시작으로 기존에 알고 있던 것을 끌어내 새롭고 창의적인 생각으로 나아가는 것. 기다림의 미학으로 만들어진 좋은 대화는 이렇게나 즐거운 것이다.

침묵의
은밀한 힘

00 어쩌면 인간의 언어로는 모두 이해하고 표현하지
못하는 마음도 침묵을 통해 전할 수 있으리라 믿는다. 00

유난히 말을 많이 한 날. 가슴에 10cm 정도 되는 커다란 구멍이
뚫려 있는 상상을 한다. 손가락 끝에 있는 힘까지 모두 끌어모아
전력을 다해 말을 하고 집으로 가는 길이면 가슴이 텅 빈 것 같
은 기분이 든다. 그런 날에는 마음에 어떤 이야기도 쌓이지 못하
고 나를 통과해 갈 것만 같다. 더 이상 말하고 싶은 욕구도, 말할
에너지도 없는 상태. 말하기를 업으로 삼는다는 것은 늘 이런 공
허함을 온몸으로 느끼며 터벅터벅 집으로 돌아온다는 말이었다.
시간이 흐를수록 공허함이 더 오래 머무는 날들이 늘었다. 말이
좋아 매일 말을 하는 직업을 찾았는데, 매일같이 이런 공허함과
싸워야 하는 줄 누가 알았겠는가.

한동안 가슴에 큰 구멍을 품고 다녔고, 그럴 때마다 한 단어를 떠올렸다. '침묵'. 이 단어를 가만히 들여다보고 있자면 너무 많은 말을 세상에 뱉은 것 같은 부채 의식에 시달렸다. 침묵, 아주 작게 소리 내 읽고는 단어가 가진 조용하고 은밀한 힘에 대해 생각했다.

2019년 겨울, 어반플레이와 함께 오픈한 연남동 기록상점에서는 누구나 자신의 이야기를 기록하고, 돌아보고, 표현할 수 있는 프로그램을 운영하고 있다. 프로그램을 오픈하면 생각지도 못한 다양한 사람들이 모이는데, 그 첫 순간이 아주 재미있다. 예전의 나였다면 여기저기 활보하며 한 사람도 빠짐없이 눈을 맞추고 인사를 나누고 시시콜콜한 주제로 떠들었을 텐데, 지금의 나는 잠깐 그런 척하고는 뒤로 빠져 사람들의 모습을 구경한다. 처음 만난 사람들이 침묵의 어색함 속에서 어쩔 줄 몰라 하는 모습을 조용히 지켜본다. 프로그램을 시작하기 딱 10분 전에만 느낄 수 있는 어색해 미칠 것 같은 분위기를 숨죽여 바라보는 것을 즐긴다. 10분의 침묵 덕분에 드디어 서로에 대한 유리벽이 깨지고 차가운 기운이 사르르 녹아내리는 이후의 시간이 더욱 극적으로 느껴지기 때문이다. 나는 프로그램이 시작되고, 서로 수줍게 웃으며 인사를 나누고, 자기소개를 하고, 질문을 하고, 대화를 하는 그 순간을 정말 사랑한다. 그래서 처음 10분, 그 침묵의 시간을 즐기게 됐다.

침묵도 하나의 '말'이다. 말을 내뱉는 순간은 말을 내뱉지 않는 순간과 늘 공존한다. 때로는 침묵이 더 큰 위로가 되고 말보다 더 많은 말을 전하기도 한다. 어쩌면 인간의 언어로는 모두 이해하고 표현하지 못하는 마음도 침묵을 통해 전할 수 있으리라 믿는다.

침묵은 있는 그대로도 언어가 될 수 있지만 우리의 언어를 조금 더 매끄럽게 만들어 주는 윤활유가 되기도 한다. 마치 내가 기록상점에서 침묵의 시간을 즐기는 것처럼 말이다. 한 수사학자는 "진정한 수사학은 말하는 이와 듣는 이와의 공간"이라고 했다. 그만큼 대화를 나누는 데 중요한 것 중 하나가 바로 당신과 나 사이에 있는 작은 틈, 조용한 쉼, 잠깐의 침묵이다.

유난스럽게도 침묵을 견디지 못하는 사람들이 있다. 그런 사람들과 함께하는 날이면 이유 없이 피로하다. 나와 이미 마음이 통하는 사람이 아니고서야 침묵은 견디는 시간이 맞다. 듣는 이와의 심리적 거리를 침묵이라는 시간의 거리로 지켜 주는 일이다. 침묵을 견디지 못하는 사람의 대부분은 타인을 위한 배려라기보다는 그 어색한 시간을 견디기 힘들어 나서는 경우가 많다.

나는 침묵하지 않는 사람과의 대화가 참 힘들다. 약간의 직업병이기도 한데, 여러 사람이 함께 있는 자리에서 한 사람이 말의 무게중심을 모두 가져가면 마음이 불안해진다. 중심을 다른 사람에게 돌리고 싶은 마음이 커진다. 그래야 함께하는 모두가 만족스러운 마음으로 대화를 나눌 수 있기 때문이다.

침묵은 여백과 같다. 말의 밑바탕이고 없어서는 안 될 공간이다. 조용하고 은밀한 이 단어의 힘은 시시때때로 그 역할을 바꾸며 말에 쫄깃한 긴장감과 극적인 안도감을 준다. 침묵이 말의 변방이 아니라 말의 중심이라는 것을 이제는 안다. 더 이상 내 가슴에 공허한 구멍은 생기지 않는다.

무례하지 않게
솔직해지는 법

❝ 누군가에게 솔직한 생각을 드러낼 때
가장 먼저 하는 일은 안전지대를 만드는 일이다. **❞**

"다시 연락하고 싶은 사람이 된다는 게 쉬운 일이 아니지. 그런데 자영이 너는 그런 능력을 갖고 있는 것 같아."

9년 동안 내 모든 것을 함께했던 회사를 그만두던 날, 팀장님은 나에게 이런 말을 했다. 다시 연락하고 싶은 사람이 된다는 것. 일터에서나 일상에서나 오래 곁에 있어도 불편하지 않은 사람이 된다는 의미일 것이다.

나와 공동 창업을 한 해리는 처음 한 달을 함께하고는 내 최고의 강점으로 '무례하지 않게 사람들에게 솔직함을 드러내는 것'을 꼽았다. 대부분의 사람들은 진짜 무례하거나 자신의 마음을 꺼내지 못하거나 둘 중 하나라고 했다.

말하기는 한편으로 감각적이고 본능적인 것이다. 그래서 이런 이야기를 듣기 전까지 나는 내 말하기가 어떤 모양을 하고 있는지, 어떤 느낌을 주는지 자각하지 못했다. 주변 사람들에게 들은 이 감사한 말이 궁금증으로 바뀌었고, 지난 시간의 내 말하기 태도를 돌아보게 만들었다. 마치 타인에게 하듯 내 말하기를 자세히 관찰했다.

나는 이야기를 좋아한다. 그래서인지 한 사람 한 사람을 보면 그들의 이야기가 궁금해진다. 겉으로 드러나지 않는 표면 뒤의 이야기 말이다. 아무리 대단한 업적을 이룬 사람을 봐도 '대단하다' 혹은 '위대하다'라는 감탄 뒤에 그 사람이 자신만의 공간에서 겪을 이야기, 매일 아침 집에서 나와 회사로 출근하는 이야기, 그 자리에 가기까지 노력했던 지난 이야기, 매일 밤 혼자 고민하는 이야기 등 사소하고 평범한 이야기들이 자연스럽게 떠오른다. 그러니 어떤 사람을 봐도 위대한 존재보다는 다양한 이야기를 가진 한 사람으로 바라보게 된다.

어릴 때부터 나는 사람에 대한 두려움이 없었다. 이런 태도는 일과 삶에 큰 도움을 줬다. 아무리 지위가 높은 사람을 만나도 위축되거나 숨지 않았다. 나를 평가하는 냉철한 사람들 앞에서도 두렵지 않았다. 아기를 키우며 아기의 작고 귀여운 얼굴을 보고 있으면, 사람은 누구나 이 작고 귀여운 시절을 지났을 텐데 하는 생각이 든다. 이제는 사람들을 보면 그 사람의 가장 사랑스럽고 귀여웠을 어린 시절의 이야기들이 떠오른다. 그렇게 나에게는 나이와 직급을 떠나 그 사람과 친구처럼 지낼 수 있는 능력이 생겼다.

나는 이 능력이 단연 소설을 많이 읽은 덕분이라고 믿고 있다. 소설 속에 등장하는 다채로운 인간의 생각을 따라가다 보면 결국 인간이 갖고 있는 공통적인 고민과 물음에 다다르게 된다. 하나의 캐릭터는 자신만의 개성을 뽐내지만 여러 명의 소설 속 캐릭터를 보다 보면 인간이 가진 가장 본질적인 감정을 느낄 수 있다. 그 감정을 이해하는 감각은 사람을 이해하는 데 큰 도움이 됐다.

대학생 시절, 목요일마다 수업이 끝나고 교수님의 연구실을 찾아갔다. 매점에서 사 온 과자를 주워 먹으며 두런두런 대화를 나눴다. 지금 배우고 있는 이론에서부터 시시콜콜한 연애사와 앞으로의 꿈과 미래까지 다양한 스펙트럼의 이야기가 오갔다. 그때 교수님의 말들이 지금 내 삶에 큰 영향을 줬다. 고작 1~2년 뒤를 바라보는 학생과 10년 뒤를 바라볼 수 있는 교수님의 시야는 분명 달랐다. 조급해질 때마다 위로를 얻었다. 진짜 원하는 걸 해도 괜찮을 것이라는 믿음을 얻었다.

　우리는 친구처럼 이야기를 나눴지만, 그러면서도 교수님은 친구가 아니라는 사실을 잊지 않았다. 대화의 주제가 친구 같다는 의미이지, 교수님을 대하는 태도는 절대 친구 같아서는 안 된다는 의미이기도 하다. 교수님이 우리와 함께 웃으며 장난스러운 태도로 농담을 던질 수 있었던 이유는 교수님을 향한 우리의 존경심을 굳건히 믿으셨기 때문이다. 그러니까 우리가 교수님의 시선과 생각을 얼마나 좋아하는지 알고 계셨기에 가능한 관계였다.

　그러므로 무례하지 않게, 아주 사소한 것들을 놓치지 않아야 했다. 예를 들어 교수님 연구실 앞에서 정중하게 노크 후 실례가 되지 않는지를 여쭙고 들어가는 것, 마지막 인사로 감사함을 전하고 나오는 것. 무너짐은 사소한 것에서부터 시작된다. 그래서 교수님에 대한 존경심이 이 사소한 태도에서 드러날 수 있게 노력했다.

　누군가에게 솔직한 생각을 드러낼 때 가장 먼저 하는 일은 안전지대를 만드는 일이다. 마음의 안전지대 같은 것이다. 나는 당신을 참 좋아하고 우리의 관계가 더 나아졌으면 하는 마음에서 지금과 같은 이야기를 꺼내는 것이라는 말을 꼭 한다. 그리고 이 말은 정말 사실이다. 나는 내가 애정하지 않는 사람에게는 좀처럼 관심이 없다. 오래도록 같이하고 싶은 사람에게만 아쉬운 마음과 서운한 마음이 든다. 그리고 그 마음이 어디에서 왔는지 출발점을 꼭 생각한다. 스스로 명료하게 마음의 교통정리가 됐을 때 상대방에게 말을 꺼낸다. 진실로 우리의 관계가 개선되기를 바란다면 단지 감정을 드러내는 것이 아니라 무엇 때문에 그런 감정이 들었는지 그 시작점으로 가서 앞으로는 그런 일을 만들지 말자는 대안을 제시해야 하기 때문이다.

일방적인 감정 배출만큼, 대안 없는 반대만큼, 내 기준으로 상대방을 평가하고 재단하는 것만큼 무례한 일도 없다. 솔직함과 무례함은 다르다. 솔직하게 내 생각을 꺼낼 때에는 그 목적이 명확해야 한다. 무엇을 바꾸고 싶은 것인지, 우리가 왜 그것을 바꿔 나가야 하는지 분명한 이유와 방향이 있어야 한다.

졸업을 하고 어느 날, 오랜만에 교수님을 찾아갔다. 그 시절처럼 함께 대화를 나누고 교정을 내려오는데 문득 교수님이 말씀하셨다. "너랑 나랑 이렇게 같이 늙어 가는 거잖아. 우리는 진짜 친구인 거야." 가슴이 뭉클했다. 나이와 세대를 뛰어넘어 진짜 속마음을 주고받는 사이가 친구라는 생각이 들었다.

나는 지금도 상대가 누구든 친구가 될 마음의 준비가 돼 있다. 마음의 결이 같다면 친구가 될 수 있다는 믿음이 있다. 그 사람의 상황을 기꺼이 궁금해하고 배려하는 태도 그리고 상대방을 향한 진솔한 마음을 먼저 드러내 우리만의 안전지대를 만드는 법을 알고 있으니까.

우아함은
거절이다

❝ 단순하게 말할 수 있다는 것은 곧
우아하게 말할 수 있다는 것과 같다. ❞

'어떻게 말해야 하는가'는 결국 '어떻게 살아가야 하는가'와 동의어라는 것을 이제야 깨닫는다. '누구에게나 자신만의 빛나는 이야기가 있다'라는 슬로건을 지닌 필로스토리. 자기다움을 찾아 세상에 전하는 필로스토리를 창업하면서 내가 얻은 가장 큰 혜택은 타인의 자기다움을 고민하는 것만큼이나 스스로의 나다움에 대해서도 끊임없이 생각해 볼 수 있다는 것이다. 나는 과연 어떤 사람일까, 나만의 타고난 고유성은 무엇일까, 나는 어떤 삶을 살아가고 싶을까, 나는 무엇을 좋아할까, 나는 어떤 순간을 사랑하는가. 누군가의 철학을 발견하기 위해 던지는 이 질문은 고스란히 나에게 돌아온다.

최근에 (거의) 인정한 한 가지 사실은 내가 꽤나 '미니멀리스트'라는 것이다. 특히 필로스토리를 함께 창업한 해리는 수집가 기질이 역력한데, 이것저것 물건을 모으고 아주 사소한 물건을 애정하는 그를 보며 그와는 정반대 성향을 가진 나를 자세히 들여다볼 수 있었다. 나는 물건에 대한 애정이 크게 없다. 다른 말로 하면 물욕이 크게 없다(없는 것은 아니지만 '크게' 없다는 것이 포인트다). 나는 확실히 물건 자체의 아름다움보다는 그 물건을 만든 사람의 철학 혹은 그 물건이 탄생할 때 있었던 이야기를 사랑한다. 그래서 브랜드 스토리를 쓸 때도 내가 집중하는 것은 물건 너머에 있는 '사람의 이야기'다. 나는 언제나 유형의 무엇보다도 눈에 보이지 않고 손에 잡히지 않는 무형의 무언가를 더 사랑한다.

조용히 앉아 하나의 물건을 정성스레 닦고 소중히 간직하고 다시 돌보고 하는 것은 왠지 나랑 어울리지 않는다. 어떤 삶을 살아가고 싶은지 딱히 떠오르지 않을 때 그 반대의 상황을 자주 생각하는데, 가장 살아 내고 싶지 않은 삶도 물건과 연관성을 갖고 있다. 내가 가장 지양하는 모습은 물건에 잠식된 삶이다. 아무런 질서 없이, 필요도 없이 여기저기 널브러져 있는 물건 사이에 덩그러니 놓여 있는 삶. 공간의 주인공이 내가 아니라 물건인 삶. 지금 나에게 꼭 필요한 것도 아닌데 그저 '있어야 할 것 같다'는 이유로 꽉꽉한 서울에서의 작은 공간에 꾸역꾸역 물건이 놓인 삶은 정말이지 생각만 해도 싫다.

하지만 신기하게도 요즘엔 나와 반대되는 성향인 '맥시멀리스트'로 살아가는 사람들에게 매력을 느끼고 그들의 공간을 좋아한다. 내 주변에는 자신만의 독특한 취향을 물건으로 공간에 녹일 줄 아는 사람들이 많다(해리도 그중 하나다). 그런데 알고 보니 맥시멀리스트라고 해서 다 좋아하는 것은 아니었다. 내가 좋아하는 맥시멀리스트는 '정리를 잘하는' 맥시멀리스트였다! 이를 깨달은 것 역시 '나는 미니멀리스트인데 맥시멀리스트를 왜 좋아하는가'라는 질문에서 출발했다. 이런 사람들은 작은 물건 하나라도 그 물건이 꼭 있어야만 하는 자신만의 이유와 의미를 갖고 있다. 물건에 잠식된 삶이 아니라 하나하나의 물건이 마치 자신이 있어야 하는 자리가 어디인지 아는 것처럼 질서가 있다. 그래서인지 그런 공간은 물건이 많아도 답답하거나 숨 막혀 보이지 않는다.

미니멀리즘은 당신의 삶에서 과하다고 느껴지는 것들을 제거하며 정말 중요한 것에 대해 집중할 수 있게 해 주는 도구다.

- 조슈아 필즈 밀번·라이언 니커디머스

미국에서 미니멀리즘 열풍을 일으킨 두 사람은 자신들의 웹 사이트를 통해 미니멀리즘을 정의했다. 나는 삶의 중요한 선택의 순간에 미니멀리즘에 대해 생각한다. 무엇이든 본질만 남기고 중요하지 않은 것은 거둬 내기 위해 노력한다. 그렇지 않으면 너무 많은 정보와 물건의 홍수 속에서 허우적거리기 쉬운 세상이기 때문이다. 미니멀리즘을 통해 내가 지향하는 삶의 모습은 '우아함'이다. 나에게 꼭 필요한 것만 곁에 두는 삶. 지금 나에게 있는 것만으로도 감사함과 충만함을 느낄 줄 아는 삶. 군더더기 없이 꼭 필요한 것만 있는 것이 결국 우아함이라고 생각한다.

　　말하기 역시 중요한 것만 남기고 불필요한 것은 거둬 내는 것이 아주 중요하다. 말을 잘하기 위해서 미니멀리스트가 됐는지, 원래 미니멀리즘의 성향이라서 말을 잘하게 됐는지 헷갈릴 정도로(거의 닭이 먼저냐 달걀이 먼저냐의 논쟁과도 같다) 내 미니멀리즘은 말하기 현장에서 자신의 탁월한 역량을 뽐낸다. 누군가 중요한 것이 무엇인지 결정하지 못하고 우왕좌왕하고 있을 때, 나는 아주 단호한 눈빛과 어투로 이야기한다. "이건 무슨 의미인가요? 왜 여기에서 이 말을 해야 하죠? 그런 의미라면 삭제해도 좋겠네요" 하고 말이다. 빛나고 날카로운 눈빛으로 말을 하면 대부분의 사람들은 내 의견에 수긍한다. 그리고 곧 삭제를 단호하게 결정해 준 나에게 고마운 마음을 전한다. 만약 이 내용이 없어서 불이익을 받더라도 그건 고스란히 내 책임이 되기 때문이다.

무언가를 삭제하거나 거절하지 못하는 가장 큰 이유는 바로 이 과도한 불안감과 책임감에 있다. 꼭 성공해야만 하는 자리에서는 이런 마음들이 더욱 활개를 친다. 하지만 듣고 싶은 말을 다 넣어서 아무것도 기억에 남지 않는 것보다, 해야 하는 몇 개의 이야기가 빠졌더라도 단 하나의 인상적인 이야기를 말하는 것이 낫다. 기억에 남는 단 하나의 이야기가 결국 사람의 마음을 움직이기 때문이다.

'내가 하고 싶은 말' 그리고 '상대방이 듣고 싶은 말'. 이 두 가지를 알면 누구나 단순해질 수 있다. 이 간극을 채우기 위해 나와 듣는 사람의 경계를 오가며 밸런스를 맞춰야 한다. 나를 알고 상대를 알면 우리 사이의 핵심이 무엇인지 가늠할 수 있다. 그것을 말해야 한다. 단순해야 기억에 남는다. 단순해야 헷갈리지 않는다. 정말 간절하게 전하고 싶은 단 하나의 메시지만 남겨야 날 세워진 이야기가 만들어진다. 군더더기 없이 딱 필요한 말만 하는 것. 그런 면에서 단순하게 말할 수 있다는 것은 곧 우아하게 말할 수 있다는 것과 같다. 우아함은 타인의 시선이나 세상의 기준이 아닌 나만의 철학과 가치관으로 결정하는 단호한 거절에서부터 시작한다. 이것이 바로 '어떻게 말해야 하는가'는 결국 '어떻게 살아가야 하는가'와 동의어가 되는 이유이기도 하다.

우리는 왜 타인의 이야기를 들어야 하는가

얼마 전 이런 글을 읽었다. 요즘 시대의 사람들은 자신의 아픔에 대해서는 깊고 진지하게 몇 시간이고 떠들 수 있지만 타인의 아픔에 대해서는 단 몇 분도 이야기하지 못한다고. '나다움'을 강조하면서 타인의 시선에 흔들리지 않고 내면으로 깊게 들어가야 한다고 말하는 나지만, 이런 글을 볼 때마다 타인의 이야기에 관심을 갖는 것이, 타인의 삶을 조금 더 사려 깊게 보려고 하는 태도가 얼마나 중요한지 다시 생각하게 된다.

내가 나다움을 바란 이유는 자신의 이야기를 흔들리지 않고 할 수 있을 만큼의 단단함이 생기고, 내 이야기의 소중함을 알면 자연스럽게 '이야기 자존감'이 높아지고, 그러면 다른 사람의 이야기 역시 편견 없이 그대로 들을 수 있다는 믿음 때문이다. 이 나다움을 자칫 나만 생각하는 이기적인 자기애로 치환하면 곤란하다. 나다움은 결국 타인과 건강하게 관계 맺기 위한 삶의 첫 번째 여정이다.

치열했던 아나운서 준비생 시절, 어리고 어설펐던 그때의 기억을 온몸으로 기억하고 있는 친구 태진과 함께 유튜브 콜라보 콘텐츠 '수상한 상담소'를 만들기로 했다. 우리 모두에게 새로운 도전이었다. 그간 나를 찾아오거나 나와 연결된 고민 상담자들은 대부분 나와 비슷한 성향을 가진 사람들이었다. 그렇기에 어렵지 않게 내 경험을 이야기하며 고민에 공감하고, 새로운 해결책에 대한 방향도 제안할 수 있었다. 경험과 인생으로 누군가를 설득하는 데 크게 어려움을 겪지 않았던 것이다.

하지만 태진과 함께한 유튜브 콘텐츠는 달랐다. 태진은 이미 KBS N SPORTS 채널에서 아나운서로 데뷔해 많은 팬층을 보유한 스타 아나운서였다. 최근에는 TV 프로그램 〈골 때리는 그녀들〉에 출연해 아나콘다팀의 에이스로 맹활약하기도 했다. 태진 덕분에 그동안 만나 보지 못한 새로운 유형의 사람들과 만날 수 있었고 그 숫자는 어마어마했다. 12만 명의 구독자를 보유한 친구였으니 얼마나 많은 사람들의 다양한 삶의 고민이 쏟아져 나왔을까. 그 생각을 하면 아직도 마음이 아득하다. 태진과 함께 '수상한 상담소'를 만든 순간은 그동안 내가 만났던 세계와는 다른 새로운 세계, 새로운 사람들과 연결되는 소중한 순간이었다.

그 사람들의 고민을 들으며 내가 얼마나 편협한지, 얼마나 편견을 갖고 있는지 알 수 있었다. 그렇게 한 사람 한 사람의 사연을 조목조목 힘주어 읽어 내려가며 나는 그 사람의 삶과 이야기 속으로 빨려 들어갔다. 온전히 상대의 입장에 서서 무언가를 말해 주는 것이 쉬운 일은 아니었다. 타인의 말을 듣는다는 것은, 아니, 그저 말을 듣는 것이 아니라 그 사람의 상황과 맥락을 이해하고 같은 마음으로 고민에 대한 이야기를 나눈다는 것은 그간의 나를 내려놓는 일이기도 했다. 혹시 내가 그 사람의 생각과 말을 오해하고 있는 것은 아닌지, 성급하게 추측하는 것은 아닌지 촉각을 곤두세우고 말해야 하는 일이었다.

나와 반대되는 의견을 의도적으로 차단하고 단절해 버릴 수 있는 시대. 그래서 나와 다른 사람을 너무 쉽게 비판하거나 평가할 수 있는 시대. 사람은 실수를 통해 성장한다는 말이 도통 통하지 않는 것 같은 시대를 살아가고 있다. 특히 온라인 세계에서는 한 번의 실수로 인해 누군가가 매장당하고, 그의 삶이 무너지는 것을 쉽게 목격한다. 온라인상에서의 실수가 선명한 기록으로 남아 영원히 사라지지 않는 주홍글씨처럼 된 것이다.

하지만 사람은 누구나 실수를 한다. 그리고 나는 내가 누군가의 실수를 한 번쯤은 눈감아 줄 수 있는 넓은 아량을 가진 사람이길 바란다. 누구나 한 사람의 시시콜콜한 삶의 이야기를 조금이라도 상상하거나 바라볼 수 있다면 잘 모르는 상태에서의 무작정 혐오는 피할 수 있지 않을까.

사람들이 더 자신의 이야기를 떠들었으면 한다. 자신의 고통을 바라보고 말해 주기를 바란다. 지금 내가 어떤 상황인지, 무엇이 힘든지 이야기할 수 있는 창구가 더 많이 생겼으면 한다. 내 슬픔이나 고통을 똑바로 바라본 사람은 이겨 내는 방법도 빠르게 찾을 수 있을 것이란 믿음이 있기 때문이다. 모든 문제의 해결은 그 문제를 정의 내리는 데서부터 시작된다.

내 삶에 대해서는 쉽게 말할 수 있지만 타인의 삶에 대해서는 쉽게 평가하지 않았으면 한다. 아무런 맥락도 모르고 던진 그 말이 듣는 이에게는 큰 파장을 불러일으킬 수 있기 때문이다. 한 번 말하고 두 번 들을 수 있는 인내심을 가지길 바란다. 내 이야기가 소중한 만큼 타인의 이야기 역시 소중하다는 것을 스스로 깨닫기를 바란다. 이야기 자존감을 통해.

말을 잘해야만
하는 이유

" 내가 어떤 사람인지 타인에게 말하는 것은
결국 나 스스로를 이해하는 과정이기도 하다. "

말을 왜 잘해야 할까? 왜 타인에게 내 이야기를 해야 할까? 종종 이런 질문을 받는다. 나는 늘 자신만의 이야기를 세상에 말하라고 주야장천 외치는, 내 생각을 타인에게 이해시키기 위해 노력하라고 말하는 사람으로서 이 어려운 질문에 좋은 답을 내놓아야 할 것만 같은 사명감에 휩싸인다.

일반인 혹은 대학생들에게 말하기 강의를 할 때면 대부분 말을 원래 잘하는데 조금 더 잘하고 싶은 사람들이 찾아왔다. 그래서 나는 대체로 말을 하는 데 큰 두려움을 갖고 있는 사람들, 그러니까 타인 앞에서 말하기를 두려워하다 못해 회피하고 뒤에 숨어 있는 사람들의 마음을 이해하는 것이 쉽지는 않았다. 주변에도 말이 많거나, 말을 재미있게 하거나, 타인의 말을 듣고 자신만의 방식으로 조리 있게 말을 이어 나가는 사람들이 대다수였다. 그러니 저 멀리 구석에 앉아 가만히 듣기만 하는 사람들은 어떤 심리를 갖고 있는지 나로서는 도통 알 길이 없었다.

그런 의미에서 연남동 기록상점에서 다양한 사람들을 만난 것이 어쩌면 내 인생의 큰 변화를 만들어 낸 변곡점이라는 생각이 든다. 나는 대체로 말을 잘하지 않는 사람들을 그곳에서 만날 수 있었다. 말이 아닌 다른 수단으로 자신을 표현하는 사람들, 예컨대 그림이나 음악이나 글 등 말보다 훨씬 유려하게 자신을 표현할 수 있는 무기를 가진 사람들은 굳이 말까지 잘하려 애쓰지 않았다. 말하는 것을 별로 좋아하지도 않을뿐더러 각자만의 사정으로 삶에서 말하기의 비중이 점점 작아진 것이다.

많은 사람들이 '말하기'라고 하면 멋진 무대에서 토씨 하나 틀리지 않고 단호한 눈빛과 커다란 목소리로 화려하게 말하는 것을 생각한다. 하지만 생각해 보면 우리는 매 순간 일상에서 말을 한다. 정말이지 매 순간이다. 매 순간 내가 어떤 상황에서 어떤 말을 하느냐에 따라 삶이 달라질 수 있다는 말이다. 무대에서의 말하기도 중요하지만 그보다 더 중요한 것은 내 하루를 채워 가는 일상의 말하기다. 무대에서 내가 어떻게 말하는지 생각하

는 것이 아니라, 일상에서 무엇을 어떻게 말하는지를 고민해야
한다는 뜻이기도 하다.

말하기란 무엇인가. 말하기는 내가 갖고 있는 '생각'을 타인
에게 '표현'하는 것이다. 그러니 절대 주객이 전도돼서는 안 된
다. 하지만 말하기의 영역이야말로 그 어떤 것보다 주객이 잘 전
도되는 영역이다. 말하기의 본질인 생각을 단단하게 만들기보다
는 말하기의 껍데기인 스피치 스킬을 키우려고 훨씬 더 노력하
지 않았는가(물론 나 역시 그랬다). 말하기는 그저 내 생각을 표현
하는 것. 우리는 이 단순한 진리를 자꾸 잊어버린다. 말을 얼마
나 정확하게 발음할지가 아니라 생각을 얼마나 선명하게 표현
할지 고민해야 한다. 얼마나 멋진 몸짓을 사용해 타인 앞에서 말
하는지보다 얼마나 멋진 생각을 갖고 있는 사람인지 스스로를
냉철하게 바라보며 고민해야 한다.

하지만 아무리 멋진 생각과 선명한 표현력을 가졌다 하더라
도 상대방이 누군지에 따라, 어떤 상황인지에 따라 그 말하기의
좋고 나쁨이 결정된다. 말하기의 절대적 진리는 없다. 말하기는
상대적 진리를 추구한다. 똑같은 말이라도 해야 할 때와 하지 말
아야 할 때를 잘 가늠하는 사람이 어쩌면 최고의 말하기를 하고
있다고 해도 과언이 아니다.

말을 하는 순간, 내 생각이 타인에게 전달된다. 그렇다면 우

리는 왜 타인에게 내 이야기를 하는 것일까. 내가 누구인지, 내가 어떤 사람인지 타인에게 말하는 것은 결국 나 스스로를 이해하는 과정이기도 하다. 우리는 종종 서사를 통해 무언가를 이해한다. 이 서사의 힘이 가장 중요하게 작용하는 때는 물론 스스로를 위한 서사를 만들어 냈을 때이다.

제현주 작가의 책 《일하는 마음》(어크로스, 2018)에서 "내 이야기에 대한 편집권은 오롯이 나에게 있다"라는 문장을 읽었다. 이 문장을 발견한 후로 지금까지도 마음에 품고 있다. 우리는 살아가며 수많은 사건과 감정을 마주한다. 기쁘고 슬프고 우울하고 화가 나고 감사하고 이해할 수 없는 그런 일들. 타인에게 내 이야기를 하는 과정은 이 수많은 사건과 감정 중 내가 무엇을 기억할 것인지, 나에게 어떤 감정을 남길 것인지 스스로 선택하는 과정이다. 말하기는 일차원적으로 타인에게 나를 이해시키기 위해 취하는 도구이지만, 결국은 나 스스로를 이해하기 위한 일이기도 하다. 이것은 어쩌면 목적에 가깝다.

인간은 혼자서는 살아갈 수 없다. 그런데 마치 혼자 살아가는 것처럼 착각하는 사람들이 종종 있다. 이런 사람들은 보통 힘겨운 일이 닥쳤을 때 모든 것을 혼자 감내하려고 한다. 타인에게 자신의 감정을 말하거나 꺼내어 보여 주는 일이 거의 없다. 이것이 타인에 대한 미덕이라고 생각한다. 하지만 과연 그럴까? 내가 너무 힘든 상황임에도 불구하고 타인에게 도움을 요청하지 않는 것은, 반대로 누군가가 힘겨운 상황일 때 기꺼이 도움의 손을 내밀지 않겠다는 태도이기도 하다. 혼자서 생을 살아 낸 사람은 없다. 태어나서부터 지금까지 우리는 어른의 손길 아래 성장하고, 모두 아이였던 시절을 지나 지금의 어른으로 자랐다.

굳이 타인에게 내 생각과 감정을 말하는 이유는 타인을 위한 일이기도 하다. 나를 사랑하는 사람들을 위해 내가 어떤 생각과 마음인지 기꺼이 표현하고 보여 줘야 한다. 그래야 상대방도 나를 제대로 알고, 함께 진정한 관계를 맺을 수 있다. 좋은 것만 나누는 사이는 그만큼 깊이를 가질 수 없다. 좋고 싫은 혹은 유쾌하거나 침울한, 아주 보통의 인간이 가질 수 있는 당연한 감정들을 솔직하게 보여 줬을 때 상대방도 온전히 나라는 사람을 이해할 수 있다.

함께 살아가는 세상에서 내가 말을 하는 이유는 '나 같은 사람도 있다'라는 다양성을 보여 주고 싶기 때문이다. 똑같이 생긴 사람은 단 한 명도 없는데 왜 우리는 똑같은 생각을 해야 하는 것처럼 강요받는 삶을 살아야 할까. 자신만의 개성을 갖고 자신만의 의견과 생각을 나눌 수 있는 다채로운 사회가 되기를 바란다. 누군가에게 끼워 맞춰진 삶이 아니라 타인을 배려하는 만큼 나 스스로를 온전히 배려하는 삶을 살아가길 바란다. 그러기 위해서는 말해야 한다. 이런 생각도 있고 저런 생각도 있다는 것을, 세상에 무조건 틀린 생각은 없고 오로지 다양한 생각만 있다는 것을 사람들에게 말해야 한다. 그런 사회가 온다면 우리도 지금보다는 좀 더 선명한, 자신만의 색을 가진 삶을 살아갈 수 있지 않을까.

당신의 나이가
궁금합니다

> " 단지 동시대를 살아 냈고, 지금까지 살아 내고 있다는
> 것만으로도 느슨하지만 거부할 수 없는 연대가 생기는 것이다. "

"해외에 가면 몇 살이냐는 등 호구조사를 하지 않아서 좋다는 말을 많이 하잖아요. 왜 해외에서는 이런 정보가 중요하지 않을까 생각해 봤어요. (한국에 비해) 광활한 대지에서는 나이가 몇 살이든, 어디에 살든 그 사람에 대한 어떤 정보도 유의미하지 않을 수 있겠다는 생각을 했어요. 하지만 우리나라는 다르잖아요. 그 시대에 어디에서 어떻게 살아왔는지가 한 사람에 대한 많은 정보를 알려 주죠. 예를 들어 IMF를 겪은 동갑내기라면 '우리끼리' 할 수 있는 이야기가 있잖아요. 어쩌면 한 사람을 더 깊이 있게 알고자 하는 마음, 그 마음을 표현하는 우리나라만의 문화일 수 있는데 해외와 비교하면서 좋지 않은 행동으로 치부되니 좀

안타까워요."

합정동 취향관에서 말하기 살롱을 운영했을 때, 한번은 이런 주제로 대화를 나눈 적이 있다. 이 말이 끝나자마자 우리는 기다렸다는 듯이 IMF에 대한 이야기를 꺼냈다. 그때가 몇 살이었더라. 1997년이니 초등학교 2학년이었다. 아빠는 희망퇴직으로 회사에 사표를 냈고, 승승장구하던 엄마의 에어로빅 학원은 사람의 발길이 끊겼다. 엎친 데 덮친 격으로 건물 주인이 보증금을 갖고 냅다 도망가 버렸고, 여유롭게 살아가던 우리 집은 한순간에 무너졌다.

우리는 IMF를 경험한 세대로서 각자의 아픔과 목격담을 담담하게 이야기했다. 우울한 이야기 같지만 전혀 우울하지 않은 어조와 너털웃음으로 꽤나 즐겁게 이야기를 나눴다. 롯데리아에서 판매했던 고기 패티 대신 롯데 햄이 들어간 IMF 버거 등의 이야기까지. 그 당시의 경험을 마구 쏟아 냈다. 같은 시대를 겪었다는 것만으로도 서로에 대한 따뜻한 시선을 갖고 유쾌하게 말할 수 있는 경험. 나는 동시대를 살아간다는 것에 대해 생각했다. 우리는 서로의 맥락을 누구보다 잘 알고 있고, 잘 알기 때문에 다정해졌다. IMF라는 하나의 주제라 하더라도 그 당시 직장에 다니던 사람과 아이였던 사람, 또 IMF가 무엇인지 책으로 본 것만 알고 있는 사람과 하는 대화는 다를 것이다. 단지 동시대를 살아 냈고, 지금까지 살아 내고 있다는 것만으로도 느슨하지만 거부할 수 없는 연대가 생기는 것이다.

만화《미생》의 윤태호 작가는 인물을 설정할 때 태어난 연도별로 그 인물이 겪었을 사건들을 나열하며 캐릭터에 생명력을 불어넣는다고 한다. 그 인물이 몇 살에 어떤 사건을 겪었는지에 따라 캐릭터가 지닌 성격이 달라지기 때문이다.

나는 누군가를 처음 만나면 그 사람의 나이가 궁금하다. 습관적으로 묻는 것일 수도 있지만, 단순히 나와 비슷한 나이에 같은 시대를 살았다는 것만으로도 나눌 수 있는 이야기가 많아진다. 비슷한 지적·감성적 형성 과정을 경험했고 지금도 비슷한 상황에서 비슷한 문제를 껴안고 있지는 않을까 하는 호기심이 생긴다. 또 그렇지 않다면 이 사람은 나와 어떤 부분에서 다른 것인지, 왜 그렇게 생각하는지 궁금해진다. 정말 그 사람이 궁금해서 우리의 대화가 시작되는 것이다.

하지만 언제부터인가 대화를 시작하기 위한 이 질문이 서열 구분 짓기로 폄하되는 것 같아 서글프다. 나이로 인한 서열 짓기라니. 이것이야말로 시대착오적인 생각 아닌가. 물론 나이 말고도 한 사람을 나타낼 수 있는 지표는 다양하다. 좋아하는 것, 자주 가는 곳, 어떤 취향을 갖고 있는지 혹은 어떤 것을 꿈꾸는지.

대화의 주제는 무궁무진하다. 하지만 취향이나 꿈 역시 마음만 먹는다면 쉽게 구분 짓기가 가능한 분야이다. 즉 누군가의 나이를 묻는 문화가 잘못된 것이 아니라 나이를 통해 그 사람을 쉬이 평가하고 내 마음대로 단정 짓는 문화가 잘못된 것이다. 하나의 단서만으로 한 사람의 복잡하고 미묘한 세계를 모두 아는 듯 재단하고 구분 짓는 행위가 잘못된 것이다.

나는 여전히 누군가를 처음 만나면 그 사람의 나이가 궁금하다. 당신과 나의 가장 쉬운 공통점을 찾아내고 싶은 마음, 내가 상상할 수 있는 삶의 맥락을 통해 짧은 시간이지만 보다 깊은 이야기를 나누고 싶은 마음 때문이다.

경청하는 사람들의
세계

❝ 말하기를 통해 서로 다른 사람들이 함께하는 연대를
계속해서 만들어 가고 싶다는 생각을 했다. ❞

딱 한 번이면 된다. 딱 한 번, 진실된 말하기의 경험. 서로 진중
하게 나누는 눈빛, 누군가에게 내 마음이 전해지고 있다는 확신,
내 경험이 그리고 삶이 누군가에게 작은 도움이 될 수 있다는
믿음. 내가 생각하는 진실된 말하기의 경험이다. 많은 사람들이
'말하기'라고 하면 두려움부터 갖는다. 내 이야기가 타인에게 허
황된 울림으로 끝나 버리지 않을까 하는 두려움, 내 이야기가 누
군가에게 가닿지 않을 때의 그 실망감과 좌절감을 한 번쯤 경험
해 봤기 때문이다.

하지만 이 모든 두려움은 딱 한 번의 진실된 말하기 경험으
로 극복해 낼 수 있다고 나는 믿는다. 그 한 번의 경험은 타인에

게 내 마음이 전달될 수 있다는 작은 희망이 되어 계속해서 말할 용기를 줄 것이다. 나는 되도록이면 많은 사람들에게 이런 경험을 주고 싶다. 내 이야기로 누군가의 마음을 움직이는 그 순간을 곁에서 함께 목격하고 만들어 가는 사람이 되고 싶다. 그래서 직장인을 위한 스토리 스쿨 '일 잘하는 사람들의 말하기' 클래스를 열었다.

일요일 오전의 기록상점, 연남동의 파란 하늘을 바라보며 우리의 이야기는 시작된다. 서로의 안부를 묻고 한 주간 가장 좋았던 문장을 나누며 서로의 생각을 경청한다. 공감의 눈빛과 조용한 끄덕거림. 그 안에서 우리는 위로를 받고 또 위로를 준다. 그저 차분하게 누군가의 말을 조용히 듣는 시간이 있었던가? 현대 사회의 직장인은 너무 바쁘다. 빠르게 변화하는 삶 속에서 무언가에 쫓기듯 살아가고 있다. 아무도 따라오지 않지만 늘 뛰고 있다. 그런 세계의 시간을 잠시 미뤄 두고 우리는 조금 게으르게 함께 시간을 보낸다. 타인의 시선에 쫓기듯 빨라지던 말하기도 천천히 내 안에 집중하며 다스려 보는 시간을 갖는다.

오늘은 말하기 태도에 대해 이야기를 나눴다. 모양 태態, 법도度. 몸의 동작이나 몸을 가누는 모양새. 사전에 나오는 첫 번째 의미이다. 그동안 내가 생각한 태도의 의미는 그저 이 몸을 가누는 모양새였던 것 같다. 하지만 이제는 안다. 태도가 왜 중요하고, 왜 태도로 인해 많은 것이 달라질 수 있는지.

'어떤 일이나 상황 따위를 대하는 마음가짐. 또는 그 마음가짐이 드러난 자세. 혹은 어떤 일이나 상황 따위에 대해 취하는 입장'. 그러니까 태도란 내가 가진 마음이 그대로 행위로 이어지는 것이다. 속에서 일어난 마음 그대로 행동하는 것이다. 아무리 좋은 마음을 갖고 있다고 해도 표현하지 않으면 누군가에게 전할 수 없다. 그저 알아주겠지 하고 마는 것은 큰 착각이다. 마음이 있다면 기꺼이 행동으로 표현하고 보여 줘야 한다.

말하기도 그렇다. 말하고 있는 상대방을 존중한다면 그에 맞는 행동을 보여 줘야 한다. 그 사람의 상황을 이해하려고 노력하는 눈 맞춤, 상대방의 의견을 기꺼이 받아들이려는 몸의 방향, 거짓 없는 말하기를 의미하는 숨기지 않는 손까지. 내가 지금 당신의 이야기에 얼마나 동의하고 경청하고 있는지 행동으로 보여 줘야 한다.

좋아하는 원고를 뽑아 한 문장씩 낭송하는 시간을 가졌다. 내가 좋아하는 것을 어떻게 더 잘 표현할 수 있는지 일종의 표현력을 기르기 위해서다. 이 역시 태도의 영역이다. 마음을 표현하는 방법을 터득하기 위해서 때로는 훈련이 필요하다. 오전

딱 한 번의 진실된 말하기 경험이 삶의 많은 것을 바꿀 수 있다.

의 맑은 햇살이 비쳐 들어오는 시간에 우리는 모두 진중한 목소리로 좋은 글을 입에 담았다. 그 장면이 너무 소중해 머릿속으로 계속 상기했다. "아름다운 문장을 읽으면 당신은 어쩔 수 없이 아름다운 사람이 된다"는 신형철 평론가의 말을 떠올리며 좋은 문장들을 눈과 입으로 담았다.

"'진심과 태도'란 주제로 함께한 오늘의 말하기 수업이 함께 시를 읽을 땐 문학 수업으로, 내 이야기를 나눌 땐 심리학 수업으로 느껴졌네요. 오늘도 좋은 시간 보냈습니다."

"어떤 사람들은 오랫동안 알았어도 시간적 의미 그 이상의 관계가 아닌 경우가 있는데, 한 번을 만나도 태도가 좋았던 사람은 오래도록 기억에 남는 것 같아요. 요즘 이 모임을 하고 집에 가면 공허함이 아닌 대화의 즐거움, 만남의 따뜻함으로 기분 좋은 감정이 오래가더라고요!"

오늘 함께한 사람들이 수업 막바지에 이런 말을 했다. 동등한 인격으로 대우받으며 말하는 경험, 아름답고 따뜻한 경청의 세계. 말하기를 통해 서로 다른 사람들이 함께하는 연대를 계속해서 만들어 가고 싶다는 생각을 했다.

모든 이가 자신의 이야기를 오해 없이 명료하게 말할 수 있고, 모든 이가 그런 타인의 이야기에 귀를 기울인다면 어떤 세계가 될까? 내가 생각하는 가장 이상적인 세계는 타인의 시선과 기준으로 함부로 재단하지도 또 판단받지도 않는, 그저 온전히 자신을 드러내고 타인을 받아들이는, 서로 경청하는 세계이다.

'나다움'의
진짜 의미

> " 나다운 언어를 통해 서로를 말하고, 서로를 이해하고,
> 더욱 존중하는 사회가 되기를 바란다. "

듀와 연애하던 시절, 내가 가장 싫어하던 말이 있다. "나 원래 이
래"라는 말. 스스로의 행동에 대해 무책임한, 또 상대방의 의견
을 한순간에 무력하게 만드는 말이었다. 이 짧은 한마디가 나에
게는 '나는 원래 이래. 그러니까 나는 너를 위해 변화할 생각이
없고 그냥 네가 참고 이해해'라는 말로 들렸다(물론 그는 딱 한 번
나에게 이런 말을 하고는 다시는 쓰지 않는다).

　친한 지인들이 나에게 '성장 덕후'라는 별명을 지어 줬다. 한
친구가 "넌 식물 같아"라는 말을 한 것도 같은 포인트였다. 나는
항상 성장하고 변화하고자 했다. 내 꿈은 오로지 하나였다. 오늘
보다 더 나은 내가 되는 것. 아주 작은 것 하나라도 오늘보다는

더 나아지길 바랐다. 처음엔 몰랐으나 지금 생각해 보면 아마도 기질상 갖고 있는 인정 욕구에서 출발한 것 같다. 타인에게 인정받고 싶은 욕구가 유독 강했고, 어릴 때부터 어른들의 칭찬에 강하게 반응했다. 늘 누군가에게 칭찬과 인정을 받고 싶었다. 물론 그런 삶이 나쁘지 않았다. 나는 꽤나 모범생 같은 날들을 보냈다.

누군가에게 칭찬받기 위한 성장이 위험하다는 것을 깨달은 건 대학생 시절이었다. 나는 무참히 흔들리고 있었다. 세상의 여러 잣대 중 내 마음을 어디에 쏟아야 하는지 헷갈렸다. 이는 곧 내가 무엇을 하고 싶은 사람인지, 나는 졸업을 하고 무엇을 하며 살아야 하는지 삶의 방향에 대한 고민으로 이어졌다.

그 시절 내가 유독 싫어하던 말이 있다. 바로 '선택과 집중'이었다. 대학교 4학년, 그러니까 취준생 시기가 도래하자 나는 딱 하나의 직업만을 선택해서 달려가야 하는 압박감에 시달렸다. 딱 하나만 열심히 해도 시간과 노력이 모자란 시기에 '선택과 집중'이라는 긍정적인 말은 꽤 폭력적으로 다가왔다. 나에겐 하나를 선택하는 것이 다른 무한한 가능성을 포기하는 것과 같았기 때문이다. 왜 아무도 '잘 선택하는 것이 또 다른 면에서는 잘 포기하는 것'이라고 알려 주지 않았을까? 원망스러웠다. 누군가에게 이 말을 해야 한다면 '선택과 포기'라는 말로 바꿔서 말하고 싶었다. 그렇다면 선택의 기로에서 한결 마음 편하게 무언가를 포기했을 텐데 하는 아쉬움에서였다.

누구에게나 딱 하나만 선택해야 하는 시기가 한 번쯤은 찾아온다. 그때가 되면 정말 간절한 마지막 하나만 남겨 둔 채 나머지는 다 포기해야 한다. 성장만을 갈구하던 나에게 진짜 필요한 것이 무엇인지 이때 깨달았다. 바로 '나다움'에 대한 생각이었다. 나 역시 단번에 나다움을 찾진 못했다. 나는 직업을 찾는 과정에서 무참히 실패했다. 짧은 시간 몇 개의 직업에 도전했다 포기하기를 반복했다. 그 이유는 여전했다. 타인이 좋다고 하는 직업에 더 관심을 뒀기 때문이다. 타인의 인정 욕구가 내 미래까지 결정해 버린 것이다. 그렇게 선택한 직업에서 나는 충분히 즐겁지 않았다. 진정 스스로 원하는 것인가 하는 의구심이 나를 괴롭혔다. 내가 진짜 원하는 것이 무엇인지 스스로에게서 답을 찾아내야만 했다.

다행히 노력 끝에 지금과 같은 모습으로 살고 있다. 꽤 독립적이고 좋아하는 일을 하면서 살아가고 있다고 믿는다. 참 신기하게도 대학생 시절부터 고민해 왔던 나다움이라는 주제가 직업으로까지 연결됐다. 브랜딩의 영역이 나에게 낯설지 않은 이유는 나다움과 자기다움이라는 본질 덕분이다. 필로스토리를 창업해 브랜드 스토리를 만들고, 기록상점에서 다양한 사람들을 만나면서 나는 더더욱 나다움의 중요성에 대해 말할 기회가 많아졌다. 특히 빠르게 변화하는 세상에서 내 뿌리를 지키면서 그 변화에 유동적으로 대응하는 것이 중요한 시대가 됐다. 그리고 그 뿌리를 찾는 것이 바로 나다움이기도 하다.

그런데 최근에 다소 충격적인 글을 읽었다. '비뚤어진 자기애'가 사회적인 문제가 된다는 기사였다. 비뚤어진 자기애로 인해 나와 다른 것을 이해하려 하지 않고, 내 행복을 위해 나와 다른 모습이나 생각을 갖고 있는 타인을 빠르게 손절해 버리는 것을 문제로 짚었다. 내가 중요하니 내 행복을 방해하거나 나와 다른 것들은 아예 내 삶에서 지우겠다는 의지, 이 의지가 개인을 넘어 집단으로 확산되면 서로에 대한 관용이 부족해지고 결국 갈등이 대립되는 사회가 될 것이라고 했다. 나를 사랑하는 마음이 문제가 되다니. 나다움의 가치를 열심히 말하고 다니던 나에게는 다소 슬프고 충격적인 기사였다. 나다움이 잘못 구현됐을 때의 모습을 미리 본 것 같았다.

나다움을 찾고, 내 언어를 찾고, 내 생각의 단단함을 찾으라고 말하는 이유는 나답게 다양한 세상과 연결되기 위함이다. '나는 원래 이렇다. 그러니까 나는 변화할 생각이 없다'라는 독선의 의미가 절대 아니다. 오히려 그 반대다. 늘 변화하는 삶. 다양한 사람들과 만나고 생각의 충돌을 경험하며 내가 확장되고 변화하는 과정을 즐기기 위해서다. 타인의 시선에 무참히 휘둘리거나 흔들리는 것이 아니라 그 와중에도 나다운 가치를 지키자는 의미이다.

나는 오히려 타인의 시선을 의식해 온 우리가 조금은 그 시선을 내려놓고 자신의 이야기를 하기를 바란다. 스스로 무엇이 중요한지 알고 그것을 지켜 낼 수 있다면 다른 사람과의 만남에서도 그 선을 지키면서 즐겁게 살아갈 수 있을 것이라 생각한다. 나다운 언어를 통해 서로를 말하고, 서로를 이해하고, 더욱 존중하는 사회가 되기를 바란다. 서로를 통해 이전에는 경험하지 못했던 새로운 세상을 만나고 변화하기를 바란다. 나와는 다른 타인의 관점과 시선을 통해 겪는 변화는 서로의 삶을 더 나은 방향으로 이끄는 기회가 될 것이다. 말하기는 공동체를 위해 존재한다.

" 내가 생각하는
가장 이상적인 세계는
타인의 시선과 기준으로
함부로 재단하지도
또 판단받지도 않는,
그저 온전히 자신을 드러내고
타인을 받아들이는,
서로 경청하는 세계이다. "